동물들이 사는 세상

최종욱 글·사진 | 임승현 그림

동물들이 사는 세상

최종욱 글·사진 | 임승현 그림

머리말

　동물원에서 일반 관람객들은 동물들이 전시된 모습만 보게 됩니다. 하지만 사람들이 보지 못하는 동물원 뒤편에는 동물들과 동물원 사람들의 또 다른 이야기들이 숨어 있습니다. 동물들과 함께 살아가는 동물원 사람들이 있습니다. 이들은 인간과 다름없이 겪는 동물들의 '생노병사'를 함께합니다. 즉 태어나고 늙고, 병들고 죽는 과정을 고스란히 함께 느끼고 겪습니다.

　동물원 사람들이란 사육사, 수의사 그리고 동물원을 꾸미고 관리하는 사람들을 가리킵니다. 사육사는 알다시피 주로 동물들에게 먹이를 주고 우리를 청소해 주고 돌봐 주는 집안의 엄마 혹은 주부와 같은 역할을 합니다. 수의사는 동물들이 태어나고 병들고 새끼를 낳거나 다른 곳으로 옮길 때에도 늘 동물들과 함께하며, 아픈 곳을 치료해 주고 스트레스를 줄여주려고 노력하는 사람입니다. 그리고 동물들이 사는 건물을 짓고 고장 난 곳을 수리하고, 나무와 화초를 심어 동물원을 아름답게 꾸미시는 분들이 바로 관리하시는 분들의 역할입니다. 이 중 누구 한 사람이라도 빠진다면 여러분들이 지금과 같이 편안하게 동물들을 감상할 수 없게 됩니다.

이 책의 이야기들은 이런 동물원 동물들을 늘 지켜보고 사는 야생동물 수의사인 제가 매일 동물들과 부딪히면서 아주 조금씩 들려오는 동물들의 목소리를 모은 기록입니다. 동물들은 비록 직접 말은 건넬 순 없지만 그래도 몸으로 행동으로 친밀감과 불편함을 간접적으로나마 표현할 수 있습니다. 그래서 제가 동물들을 대신해 아주 부족하나마 이렇게 사람의 언어로 한번 풀어 보았습니다. 이 이야기의 대부분은 제가 직접 겪은 우리 동물원에서 일어난 사건을 중심으로 꾸며져 있습니다.

　우리가 가끔 알고 싶어 하는 것처럼 동물들도 우리에게 자기들의 이야기를 정말 들려주고 싶어 하는지도 모릅니다.

　이 책이 '동물들도 우리와 별로 다르지 않다'는 진실을 깨닫는 데 조금이나마 도움이 되었으면 하는 마음입니다. 그리고 그 작은 앎, 혹은 깨달음을 통해 누구에게든 동물들이 우리와 함께 정을 나눌 수 있는 좋은 친구로 받아들여지길 간절히 기원합니다.

우치동물원
최종욱 수의사

차례

1. 비둘기 휘어진 발가락의 모험 :: 8
2. 하마 새침때기 히포 :: 16
3. 다람쥐원숭이 엄마가 된 다람이의 슬픔 :: 24
4. 쌍봉낙타 봉우리의 착각 :: 31
5. 당나귀 똥 먹는 당돌이 :: 37
6. 호로새 뿔닭아, 날아라 :: 44
7. 호랑이 호돌이의 탈출기 :: 52
8. 사슴 아기 사슴 담비의 하루 :: 60
9. 곰 세 발가락 우미 :: 68
10. 침팬지 펜치의 우울증 탈출기 :: 79
11. 코끼리 엘프의 꿈 :: 87
12. 펠리컨 펠리와 칸의 빛나는 승리 :: 94
13. 고양이 짝귀의 운수 좋은 날 :: 102
14. 기린 초원으로 돌아간 아린이 :: 108
15. 돼지꼬리원숭이 철창 밖으로 나온 돼돌이 :: 117

# 1. 비둘기
휘어진 발가락의 모험

철망으로 둘러싸인 큰물새장 안에서 우리 흰 비둘기들 100마리가 이 너른 공간이 마치 우리들의 전체 세계인 양 살아왔답니다. 그 100마리 중 하나인 제 별명은 **휘어진 발가락**이에요. 다른 비둘기와는 다르게 발가락 하나가 바깥으로 벌어져 특이하게 생겼기 때문이지요.

전 물새장 안의 생활이 너무 좁고 지루하다는 생각이 들어요. 이 물새장은 원래 황새, 고니, 펠리컨 등 커다란 덩치와 큰 날개를 가진 물새들만의 전용 공간이었습니다. 그런데 이 물새들은 이상하게 여기에 들어오기만 하면 잘 날아다녔던 새들도 도통 날려고 하지 않았어요. 그래서 동물원 사람들은 관람객들이 재미없어 할까 봐 어디서나 잘 날아다니는 우리 비둘기들을 같이 집어넣었답니다.

"흑고니야, 너도 좀 날아봐."

그런데 이곳에서 비둘기 식구들이 자꾸 불어나고, 또 사방에 똥을 싸서 지저분하게 만든다며 사람들은 지금 비둘기들의 수를 줄이려는 계획을 세우고 있어요. 방법은 우리 중 몇 십 마리를 무조건 붙잡아서 더 좁은 우리 속에 따로 가두려는 것이었어요. 그런데도 여기 어른 비둘기들은 아는지 모르는지 전혀 대책을 세우지 않고 있어서 정말 답답하기만 했답니다.

사실 나가려고만 한다면 구멍은 얼마든지 있어요. 사육사 아주머니가 가끔 문을 열어두고 일할 때 몰래 빠져 나가도 되

우리들이 살고 있는 물새장이랍니다.

고, 물새장을 받치는 큰 쇠기둥들 사이도 비둘기 한 마리 정도는 얼마든지 빠져 나갈 수 있을 만큼 틈이 넓거든요. 그 틈으로 가끔 너구리가 들어오기까지 하니까요. 너구리가 들어오면 날아다니는 우리는 문제없지만 잘 날지 못하는 청둥오리나 기러기들은 비상이 걸려요. 그래서 가끔 너구리에게 희생되기도 하고요.

이렇게 틈이 많아도 우리 중 누구 하나 조금도 나갈 생각을 안 해요. 마치 모두의 머릿속에 누군가 들어와서 "절대 나가면 안 돼!" 하고 말하는 것 같아요. 하지만 세상은 끊임없이 모험하고 도전해야 하는 곳 아닌가요?

저는 불안하기도 했지만 이런 감정을 이겨내고 어느 날 새벽 무렵 너구리들이 넘나드는 철망 구멍을 통해서 드디어 새장 밖으로 나왔어요. 일단 빠져나오고 나니 더욱 자신감이 생졌어요. 그래서 그동안 열심히 생각해 두었던 사명을 완수하기로 했습니다. 바로 우리 비둘기들이 모두 나가서 살만한 새로운 터전을 찾는 일이었어요. 그래서 힘차게 창공으로 날아올랐답니다.

위에서 바라본 세상은 참으로 넓고 볼 것도 많았어요. 산과 나무, 너른 벌판 그리고 그 속에는 우리와 같은 비둘기 종족을 비롯한 수많은 여러 동물들이 정말 즐겁게 살고 있었어요. 그동안 우린 너무 좁은 울타리 안에서만 갇혀 살아왔던 거예요.

일단 반가운 마음에 같은 종족처럼 생긴 잿빛 집비둘기 무리에게로 다가갔어요. 그런데 그들은 반겨주기는커녕 마치 무슨 이상한 것이라도 본 것처럼 놀라면서 저를 피하는 것이었어요.

이번에는 우리와 체구가 비슷한 까치라는 새에게 다가가 보았어요. 그런데 그들은 아주 공격적이었어요. 곧바로 여러 마리가 떼로 몰려오는가 싶더니 한꺼번에 날카로운 부리로 저를 쪼려고 쫓아왔어요. 겨우 그들로부터 피해 달아나서 작은 참새들 곁에 가서야 참새들이 먹다 남긴 부스러기를 조금 얻어

먹을 수 있었어요.

　처음 밟아본 세상은 비록 아름답긴 했지만 혼자서 견디기엔 너무나 차갑고 외로운 곳이었어요. 그리고 아무리 눈 씻고 찾아 봐도 우리 물새장 비둘기들이 한꺼번에 모두 나와서 살 만한 공간은 어디에도 없는 것 같았어요. 이렇게 헤매고 다니다 너무 지치고 배도 고파서 일단 다시 집으로 다시 돌아가기로 맘먹고 큰물새장으로 돌아왔어요.

　그런데 제가 나간 사이에 엉뚱한 일이 벌어지고 말았어요.

글쎄, 그날 하필 너구리가 자주 들어온다고 틈새란 틈새를 사람들이 모두 막아버린 거예요. 이제는 들어갈 구멍조차 모두 사라져 버리고 말았어요. 할 수 없이 식구들이라도 잘 보이는 꼭대기로 무작정 올라가 문이 열리기만을 기다릴 수밖에 없었어요.

하지만 좀처럼 그런 기회는 쉽게 찾아오지 않았어요. 그렇게 하루 이틀이 지나니 배도 고팠지만 무서워서 함부로 다른 곳으로 가지도 못하고, 몸은 지쳐서 거의 쓰러질 지경이 되었어요. 그런데 기다리던 보람이 있었던지 드디어 절호의 기회가 찾아왔어요. 기다린 지 삼 일 째 되는 날 저녁에 너구리 몇 마리가 자기들이 들어가려고 기둥 밑으로 땅굴을 판 거예요. 저는 너구리들이 다 지나간 다음에 그 길을 따라 걸어서 들어갔지요.

들어와 보니 물새장 안이 이렇게 편하고 좋은 줄 그제야 알겠더라고요. 엄마, 아빠는 잠도 못 주무시고 그동안 저를 안타깝게 쭉 지켜보고 계셨나 봐요. 그리고 돌아온 저를 날개로 꼭 안아주시기만 할 뿐 나무라지는 않으셨어요. 그러면서 나지막이 말씀하셨어요.

"이렇게 사는 곳에서 벗어나기 힘든 것이 오랫동안 전해 내려온 우리 비둘기들만의 운명이란다."

하지만 마음만 편하다고 언제 닥칠지 모르는 불행을 그대로 두고 볼 수는 없는 일이잖아요.

새로 기운을 차리면 우리 모두를 위해서 다시 한 번 용감하게 도전해 보리라고 엄마 날개 품에서 마음속으로 굳게 다짐했답니다.

비둘기 [鳩; dove / pigeon]

- 학명 : Columba livia
- 분류 : 비둘기목 비둘기과
- 종류 : 멧비둘기, 양비둘기, 흑비둘기(천연기념물 215호), 염주비둘기, 녹색비둘기 등 5종이 우리나라에 서식하고 있다.
- 크기 : 몸길이 약 40cm 정도
- 수명 : 20년 정도
- 생식 : 2~3개의 알을 낳는데 부화 기간은 17~18일 정도이다. 피전 밀크(비둘기 젖)로 20일 정도 더 새끼를 양육한다.
- 서식 장소 : 공원, 광장, 집 근처, 야산
- 먹이 : 식물의 씨나 열매
- 특징 : 비둘기는 귀소 본능이 강해 일정 기간 사육하면 사육 장소를 고향으로 알고 멀리서도 꼭 찾아오는 습성이 있어 전시에 통신 수단으로 이용하기도 했다. 집비둘기는 무리생활을 하며 무리를 떠나면 혼자 잘 견뎌내지 못한다.

2. 하마
새침때기 히포

저는 동물원에서 20살이 넘도록 짝도 없이 혼자 살고 있는 수컷 하마 **히포**랍니다. 워낙 오랫동안 혼자 살아서인지 이젠 혼자 지내는 게 더 편하기도 하지만, 다른 하마가 와도 아마 좁아서 함께 살 자리도 없을 거예요.

가끔 외롭다는 생각이 들긴 해도 사람들이 구경을 많이 와서 그렇게 심심하지는 않아요. 이 동물원에서 사람들에게 가장 인기 있는 동물 중 하나거든요. 그런데 가끔 제 자신도 궁금한 게 있는데, 도대체 내가 무엇이 볼 것이 있어서 그렇게들 보러

오는지 그 이유를 잘 모르겠더라고요. 커다란 얼굴과 3톤이 넘는 거대한 덩치가 매력일까요? 제가 알기론 사람들 사이에선 덩치 큰 사람들을 별로 좋아하지 않는다던데….

제가 가끔 하품을 하거나 입 안에 일광욕을 하려고 입이라도 크게 쩍 벌리면 그야말로 난리가 나요. "야, 하마가 드디어 입을 벌렸어." 하고 서로 부르고들 난리예요. 물론 제 입이 크긴 하지요.

제 고향 아프리카에서는 사자도 악어도 우리 하마가 사는 곳에는 감히 접근조차 못해요. 다른 동물들에게 공격당하지 않아 좋은 점도 있지만 때론 그것이 나쁜 점이기도 해요. 다른 동물들은 서로서로 잘 어울려 살아가는 데 비해 우리들은 우리끼리만 뭉쳐 살아야 하거든요.

사육사 아저씨만 해도 그래요. 다른 동물들 있는 곳은 아무렇지도 않게 쑥

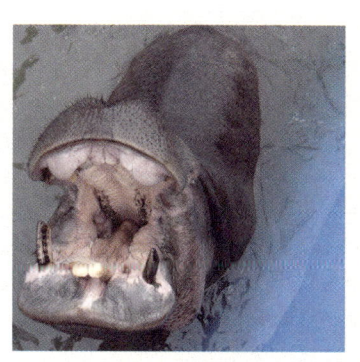

인기 만점 포즈,
'쩌~억' 입 벌리기

쑥 들어가시면서 유독 저만 안이나 바깥에 따로 가두어 두고서야 청소를 해요. 음식도 입 앞에다 가져다주는 게 아니고 문 앞에 대충 놓고 도망치듯 가버려요. 제가 그렇게 무서울까요? 전 정말 친해지고 싶은데….

하지만 한편으로는 이해가 되기도 해요. 누구든지 몸에 무기를 가진 이에게 함부로 접근 할 수는 없지 않겠어요? 바로 삐죽삐죽 나온 저의 크고 뾰족한 이빨들이 그렇거든요.

또 한 가지 저의 독특한 매력이라면 바로 '똥 뿌리기' 예요. 사람들은 참 묘한 것들을 좋아하더라고요. 똥 뿌리기가 뭐냐면, 우린 똥을 싸면서 바로 바로 꼬리를 세차게 흔들어 사방으로 똥을 흩뿌려 버려요. 그러면 사람들은 놀라서 멀리 피하면서도 좋아해요.

놀라게 하려고 그런 짓을 하냐고요? 아니에요. 원래 호수 속에 사는 우리들은 우리의 먹이이기도 한 호수 속의 수초들에게 골고루 거름이 되도록 그렇게 하는 거

예요. 덩어리로 싸 놓으면 밑에 쌓이기만 하지 거름은 되지 않거든요. 코끼리나 기린 똥이 바로 그런 경우예요. 저의 이러한 습성 때문에 깨끗한 물을 갈아주어도 단 5분만 지나면 똥으로 온통 뿌연 물이 되어버려요. 그래도 저는 그 더러운 물속에서 헤엄쳐야 마음이 편안하답니다.

그리고 전 항상 배가 고파요. 고향 아프리카에서는 물에서건 육지에서건 먹고 싶은 풀을 언제든 찾아 먹을 수 있는데 동물원에서는 꼭 하루 정해진 양만 먹어야 해요. 살찌면 바닥에 배가 끌린다고 그것도 아주 조금씩만 주세요. 음식 맛은 어떠냐고요? 그야말로 형편없지요. 사료 공장에서 나온 딱딱한 소 사료는 그나마 맛있는 설탕물이라도 좀 발라져 있어서 약간

바닥에 '발라당' 누워 일광욕 중인 하마

나은데 아주 조금만 주고, 주로 먹는 것은 건초예요. 마르고 뻣뻣한 건초가 사실 무슨 맛이 있겠어요? 괜히 아까운 침만 낭비하지요. 그래도 배고프니 어쩌겠어요. 그저 주는 대로 불만 없이 먹을 수밖에요.

 아침밥을 먹고 나면 조금 배는 불러요. 그러면 햇볕이 비추는 따듯한 흙바닥에 발라당 누워서 일광욕을 즐기며 낮잠을 자요. 그럴 땐 가끔 고향 아프리카의 푸른 호숫가 꿈을 꾸기도 해요. 나는 그곳을 본 적도 가본 적도 없어요. 저는 동물원에서 태어났거든요. 그래도 아프리카에서 밀렵꾼에 의해 생포돼 온 엄마 아빠의 기억이 그대로 유전이 되었나 봐요. 그곳의 풍경을 꿈속에서나마 생생하게 그릴 수 있으니 말이에요.

 지난겨울은 유난히 추웠어요. 겨울 동안 지내는 내실 안은 물이 얼지 않을 정도로 약하게 히터를 틀어주긴 하지만 정말 추운 날은 바깥에서 찬바람이 들어와 온몸의 피부가 쩍쩍 갈라지기도 했어요. 그리고 또 아침이 되면 청소해야 한다고 얼음이 꽁꽁 언 바깥으로 쫓겨나 한참 동안을 떨고 있어야 했어요.

 그러다 갑자기 낯선 얼굴 하나가 나타났어요. 새로 온 수의사 선생님이었어요. 그분은 멀리서 봐도 다른 동물들에게 항상 무슨 말을 건네려 하고, 다른 동물들도 그분을 정말 좋아하는 것 같았어요. 그분 주머니에는 항상 우리에게 줄 맛있는 건빵이나 과일이 잔뜩 들어있었어요.

 저도 처음에 "히포, 히포"하고 불러도 물속에서 모른 척했어요. 그렇게 한두 번 모른 체하다가 "도대체 이름이 '히포'가 뭐야?"하고 위협하려고 입을 쫘악 벌리니까 울타리 위로 올라가 내려다보던 그 아저씨가 갑자기 제 입에 건빵을 가득 부어주지 뭐예요. 갑작스럽게 당한 저는 뱉어내려다 '그래, 한 번만 먹어준다.' 하고 꿀꺽 삼켰는데 그 맛이 참 달콤했어요. 그래서 저도 모르게 저절로 또 입을 벌렸지요.

 그 후 우리는 계속 입과 눈으로 이야기 하는 친구 사이가 되었어요. 물속에 있어도 그분이 "히포"하고 조용히 부르면 다 들

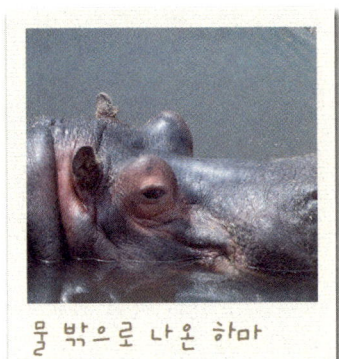

물 밖으로 나온 하마
"안녕하세요."

려요. 그러면 몸을 물 밖으로 쑥 내밀지요. 그 때 아저씨는 구경하는 사람들에게 "드디어 '히포'가 인사를 합니다." 하고 나를 소개시켜주기도 해요. 그래서 아저씬 일명 하마 아빠로 통해요.

　드디어 기다리고 기다리던 따뜻한 봄이 왔어요. 바깥 풀밭에는 그토록 먹고 싶어 하는 맛있는 연한 풀들이 바로 제 눈앞에서 파릇파릇 자라고 있어요. 자꾸 군침만 삼키고 있는데 수의사 아저씨가 어떻게 제 맘을 알았는지 건빵 대신 푸른 풀을 한 움큼 따 오셔서 입에 넣어 주었어요. 정말 아저씨는 동물들 눈만 보고도 무얼 원하는지 척척 아는 신비한 능력을 지닌 분 같아요. 그래서 요즘 제 바람은 그분이 오래오래 우리 곁을 떠나지 않고 함께 있었으면 하는 것이랍니다.

하마 [河馬; hippopotamus]

- 학명 : Hippopotamus amphibius
- 분류 : 소목 하마과
- 크기 : 어깨 높이 1.5m, 몸무게 3t
- 수명 : 40~50년
- 생식 : 임신 기간 230일 정도, 주로 물속에서 새끼를 한 마리 낳고 젖도 물속에서 먹인다.
- 서식 장소 : 호수, 하천, 늪에서 산다.
- 먹이 : 풀, 고구마, 야채 등 순수 식물성
- 특징 : 20~30마리 정도가 무리생활을 한다. 하마는 영역 표시는 물론 수초를 기울 목적으로 본능직으로 자신의 똥을 흐트리는 득징이 있다. 큰 입과 큰 이빨은 자신을 방어하고 풀을 잘 뜯어먹는 역할을 하며, 몸에서 피 같은 빨간색 땀을 분비하기도 한다.

3. 다람쥐 원숭이
엄마가 된 다람이의 슬픔

 신대륙의 작은 원숭이, 다람쥐원숭이인 제 이름은 '**다람**' 이입니다. 저는 이번에 난생 처음 새끼를 낳았어요. 새끼를 낳을 때는 너무 두렵고 아프기도 했지만 친구도, 엄마 아빠도 아닌 나만의 소중한 아기를 갖는다는 설렘으로 꾹 참아낼 수 있었어요.

 거의 두 시간 동안을 끙끙거리다 드디어 내 아기가 보이기 시작했어요. 아기는 이상한 보자기에 싸여 있었고 또 꽈배기같이 생긴 끈으로 저와 연결되어 있었어요. 그런데 누군가의 목소리가 제 머릿속에서 속삭였어요.

"보자기를 뜯어내. 그리고 끈도 꼭 끊어 주어야 해."

그래서 그대로 했지요. 보자기를 이빨로 찢고 배꼽 끈도 끊어내자 뽀송뽀송한 털을 가진 예쁜 아기의 모습이 드러났어요.

엄마 젖을 먹고 있는 아기 다람쥐원숭이.

아기는 나를 보자마자 낑낑대기 시작했어요. 무엇을 어떻게 해야 할지 배우지 못했지만, 그 순간 아기를 안고 싶어졌고 아기는 안자마자 열심히 내 젖을 찾더니 '쪽쪽' 빨기 시작했어요. 그동안 젖이 자꾸 부풀어 올라 왜 그런지 몰랐는데 바로 아기의 식량이었던가 봐요. 아기가 내 젖을 빠니 더욱 친근하게 느껴져서 아기를 더 꼭 안아주었어요.

아기는 젖을 충분히 빨더니 이제 잠이 오나 봐요. 어떻게 해야 할까 생각하다 '그래, 등에 태우면 좋겠다.' 싶어 얼른 등 위에 태워 보았어요. 그러자 아기는 등에서 절대 떨어지지 않을 것처럼 내 털을 꼭 붙들더니 이내 잠이 들었어요.

 아기가 잠이 들자, 겨우 정신이 들어 주위를 둘러보니 친구들이 모두 모여 있지 뭐예요. 그리고 자랑스러움과 부러움이 섞인 눈으로 저를 쳐다보고 있었어요. 아기의 아빠는 맨 앞에 서서 친구들이 아기한테 가까이 못 오게 막고 있었어요.

 이제는 아기와 함께 움직이면 친구들이 제 뒤를 졸졸 따라다녀요. 그리고 아빠는 경호원 노릇을 하고요. 아기를 가진 제가 마치 여왕이 된 듯 황홀한 기분이었어요.

 그렇게 일주일이 지난 어느 날 아기가 갑자기 힘이 없는 거예요. 젖도 힘 있게 안 빨고 뒤에 업어도 꽉 붙잡지 않았어요.

"엄마 등에서 떨어지지 않게 꼭 붙잡고 있으렴."

그래서 앞으로 안아보았는데 자꾸 손이 땅바닥을 향해 쳐지지 뭐예요.

"아기야, 제발 정신 차려!"

 아무리 외쳐 봐도 아기는 점점 더 힘을 잃어 갔어요. 그러더니 어느 순간 갑자기 몸이 아주 차가워지면서 아예 눈을 감아버리더니 다시는 뜨지 않는 거예요. 이젠 내 아기 같지 않았어요. 마치 딱딱한 나무토막을 들고 있는 느낌이었어요. 하지만 꼭 안고 있으면 금방 아기에게 따뜻한 기운이 다시 돌아올 것만 같았어요. 그래서 아기가 깨어날 때까지 아기를 꼬옥 안고 여기서 꼼짝도 하지 않기로 결심했어요.

 다음 날 아침 사육사 아저씨가 왔다가 이런 저를 한참 보고 가시더니 수의사 선생님과 함께 다시 오셨어요. 수의사 선생님이 힘없이 고개를 흔들자 사육사 아저씨는 갑자기 내 아기를 빼앗으려고 다가왔어요. 할 수 없이 열심히 달아나긴 했는데 이번에는 긴 장대까지 들고 쫓아오지 뭐예요. 정신없이 달아나다가 그만 아기를 바닥으로 떨어뜨리고 말았어요. 사육사 아저씨는 얼른 떨어진 아기를 줍더니 그냥 데리고 가버렸어요.

 '금방 다시 데리고 오실 거야.'

 걱정은 되었지만 평소 따뜻하셨던 분들이라, 기다리고 있으면 아기가 금방 건강한 모습으로 돌아올 것만 같았어요. 그렇게 하루, 이틀, 사흘이 지나갔어요. 그런데 사육사 아저씨는 계속 혼자서만 오시는 거예요. 말이 안 통하니 물어볼 수도 없고 그냥 그 자리에서 돌려주실 때까지 계속 기다리는 방법밖에는 할 수 있는 일이 없었어요. 일부러 내 앞에 맛있는 걸 놓아주셔도 전혀 먹고 싶지 않았어요. 수의사 선생님도 걱정스러운지 날마다 오셔서 저를 쳐다보시고 기운차리라고 영양제 주사를 놓아주시기도 하셨어요.

"다른 건 다 필요 없으니 제발 내 아기만 빨리 돌려주세요!"

간절한 호소의 눈빛을 보내도 아시는지 모르시는지 보지도 않으시고 아예 고개를 돌려 버리셨어요.

그렇게 또 며칠이 지나고 이제 움직일 기운조차 없어졌어요. 이대로 아파서 움직이지 못하면 아기가 있는 곳으로 데려가 주시지 않을까 하는 희망이 문득 생겼어요. 마침내 아무런 생각조차 들지 않았어요. 그저 젖 빨던 뽀송뽀송한 아기 모습만 눈앞에 아른거렸어요.

'아기야, 조금만 기다려 엄마가 금방 가서 젖 줄 테니.'

아기의 울음소리가 귓가에 들리는가 싶더니 그마저 모두 사라졌어요. 결국 제 소원은 이루어졌어요. 이제 아기와 영원히 떨어지지 않는 천국에 함께 살고 있으니까요.

　다음 날 사육사 아저씨께서 제가 천국으로 갔다는 사실을 아시면 슬퍼하시겠죠. 하지만 전 다시 아기를 만나서 행복하니까 슬퍼하지 않으셨으면 좋겠어요.

다람쥐원숭이
[squirrel monkey]

- 학명 : Saimiri sciurea
- 분류 : 영장목 감는꼬리원숭이과
- 크기 : 몸길이 23~30cm(꼬리 포함)
- 수명 : 15~20년
- 생식 : 임신 기간은 152~168일로 새끼는 1마리 낳는다.
- 분포 지역 : 볼리비아, 리비아, 아마존 강 일대
- 먹이 : 과일, 야채, 벌레
- 특징 : 원숭이들은 큰 원숭이들부터 작은 원숭이들까지 가리지 않고 모성애가 강한 걸로 유명하다. 어미가 보통 6개월에서 3년까지 품안에서 새끼를 보호하고 젖을 먹인다. 때론 새끼가 병들어 죽거나 강제로 빼앗겼을 경우 심한 슬픔에 빠져 스스로 죽는 일도 생긴다.

4. 쌍봉낙타 봉우리의 착각

다른 동물원에서 온 저는 우리 동물원의 유일한 쌍봉낙타 '**봉우리**' 입니다. 다양한 초식 동물들이 모여 살고 있는 초식 동물사에 함께 살고 있지요.

처음에 올 때는 엄마, 아빠랑 헤어져서 무척 슬펐지만 옆에 다른 동물 친구들이 있어 금새 기운을 차렸어요. 그리고 키가 크고 힘도 세서 금방 다른 친구들의 든든한 대장이 되었답니다.

그러던 어느 날 평소 잘 알고 지내는 수의사 아저씨가 이상한 아저씨들과 함께 우리 안으로 들어오셨어요. 그리고 다리가 부러져 깁스다리 고정 장치를 한 산양 무플런muflon, 소용돌이 모양의 뿔을 가진 야생 양을 한참 동안 멀리서 살펴보시고 나갔어요. 잠시 후 다시 돌아오신 수의사 아저씨의 손에는 마취 총이 들려 있었고, 이상한 아저씨들은 그물 같은 걸 들고 있었어요.

 수의사 아저씨는 그 마취 총을 무플런을 향해 '훅' 하고 불었어요. 주사를 맞은 무플런은 잠시 도망쳐 다니더니 갑자기 비틀비틀 하지 뭐예요. 그러자 이번에는 그물을 든 아저씨들이 그 무플런을 그물로 싸서 잡으려고 쫓아다니기 시작했어요. 그러나 무플런은 비틀거리면서도 좀처럼 잡히지 않았어요.

 가만히 두고 보고 있자니 도저히 안 되겠다 싶어 드디어 제

가 나섰지요. 저는 그 아저씨들을 향해 앞발을 높이 치켜들고 위협을 주기 시작했어요.

 사실 저는 사람들을 무서워해요. 그래서 사람들에게 상처를 주려는 생각은 꿈에도 해본 적이 없어요. 단지 동생을 구하려고 위협만 했을 뿐인데도 그 아저씨들은 악을 쓰면서 도망 다니지 뭐예요. 재미있기도 하고 이 기회에 아예 본때를 보여주자 싶어서 저는 더 날뛰기 시작했어요. 그랬더니 모두들 혼비백산해서 문 밖으로 도망쳐 나가 버렸어요.

 사람들을 모두 쫓아냈는데도 무플런이 아직도 정신을 못 차

소용돌이 모양의
뿔을 가진 무플런.

리지 뭐예요. 그래서 다시 무플런에게 가서 정신 차리라고 앞발로 툭툭 건드려 보기도 하고, 이빨로 살짝 물었다가 놓기도 해 보았어요.

그런데 그날따라 구경하는 사람들이 굉장히 많았어요. 그들은 제가 이렇게 행동하는 걸 보고 아마 무플런을 해치려는 줄로 생각했나 봐요. 어떤 사람들은 저를 자꾸 손가락으로 가리키면서 누군가에게 급히 전화를 거는 것 같았어요.

조금 있으니까 수의사 아저씨가 혼자 들어오셨어요. 그리고 제 뺨을 때리는 척하시더니 어루만지면서 말씀하셨어요.

"야, 아픈 무플런을 그렇게 괴롭히면 되냐. 너 때문에 오늘 깁스도 못 풀었잖아. 아무튼 금방 깨어날 테니 건드리지 말고 가만히 좀 지켜봐."

그리고 무플런에게 가까이 가서 상처를 살펴보고 약도 발라 주셨어요. 저 때문에 동생이 땅바닥에 피부가 긁혔나 봐요. 정말 미안했어요.

 앞으론 동생들이 상처 안 입게 잘 돌봐 줄 거예요. 아참! 그리고 그 그물을 들고 온 아저씨들은 새로 온 공익 근무 요원들이었대요. 수의사 아저씨를 도와주러 왔다가 저에게 난데없이 봉변을 당한 거지요. 이제는 놀래서 다시는 이쪽으로 안 온다고 한대요.

 대장 노릇 하기도 여러 모로 힘든 하루였어요.

쌍봉낙타

[雙峯駱駝; two-humped camel / bacterian camel]

- 학명 : Camelus bactrianus
- 분류 : 소목 낙타과
- 크기 : 어깨 높이 1.8m~2m, 몸무게 300~500kg
- 수명 : 30~35년
- 생식 : 임신 기간 390~410일, 새끼 1마리 출산
- 분포 지역 : 몽골의 고비 사막과 이란, 아프가니스탄, 파키스탄
- 서식 장소 : 건조한 풀밭 지대인 스텝의 초원
- 먹이 : 가시 돋친 식물이나 마른 풀 등 순 초식성
- 특징 : 쌍봉낙타는 비교적 추운 사막(고비) 지대에 사는 낙타로 단봉낙타에 비해 야생성(길들이기 쉽지 않은 성질)이 강해 지금도 일부는 야생 상태로 살아간다. 우리 동물원 쌍봉낙타 역시 어렸을 때부터 길들여지지 않아 강한 야생성을 드러내며 텃세가 강하고 가끔 행동이 난폭해 질 때가 있다.

5. 당나귀 똥 먹는 당돌이

저는 당나귀 새끼 **당돌이**예요. 동물원에 사는 동물 중에 우리 당나귀들만큼 대접받지 못하고 사는 동물들은 아마 없을 거예요. 호랑이나 사자 같은 동물들은 전용 우리도 있고 식구들도 몇 마리 되지 않아 항상 풍족하게 살고, 심지어 살찐다고 일주일에 한 번씩 다이어트 관리까지 해 주고요. 하마나 기린은 커다란 전용 우리는 물론이고 발바닥 상한다고 바닥에 비싼 톱밥을 날마다 깔아주질 않나, 개인 목욕탕에다 겨울에 따뜻하라고 보일러 시설까지 되어 있답니다.

하지만 우리는 잘 알지도 못하는 여러 동물들과 섞어 놓아

좁은데다, 똥 많이 싼다고 먹을 것도 겨우 허기를 면할 정도만 줘요. 흙바닥으로 된 운동장에서 그냥 대충 먹고 살라고 사시사철 내버려 두니 항상 춥고 배가 고파요. 더구나 이번에 우리 우리에 쌍봉낙타 녀석까지 한 마리 새로 들어오면서 상황이 더욱 나빠졌어요.

그동안 우리 아빠가 대장으로 있을 때는 그래도 여러 동물들 간에 서로 어느 정도 질서가 잡혀 있었어요. 그런데 글쎄, 내 나이 또래의 어린 쌍봉낙타 녀석이 들어오면서부터는 그 큰 덩치로 대장 자리를 빼앗았어요.

또 쌍봉낙타는 키가 크다고 아무 생각 없이 우리가 비를 피하는 초가지붕의 짚을 몽땅 먹어 버려, 이제 가운데 부분에 몇 가닥밖에 남아 있지 않아요. 그래서 비가 오면 예전에는 그 밑에 모두 들어가 비를 피할 수 있었는데 지금은 겨우 머리만 비를 피할 수 있

짚으로 만든 초가지붕은 비도 피할 수 있고 그늘도 만들어줘요.

을 정도밖에 안 된답니다.

아참! 당나귀 우리에 왜 낙타가 사냐고요? 우습게 들리시겠지만 우리 우리엔 낙타뿐 아니라 절름발이 바바리양, 다리 부러진 산양, 집이 없는 염소들, 그야말로 모든 초식 동물들이 모두 함께 산답니다. 우리 당나귀 식구는 아빠, 엄마와 나 이렇게 셋이고요.

면양, 당나귀, 염소 모두 달려들어 몽땅 먹어버린답니다.

이렇게 여러 동물들이 모여 살다보면 재미있는 일들이 가끔 생기지만, 재미있기만 하면 뭘 해요. 항상 배가 고픈데….

사육사 아저씨는 풀과 사료를 아침, 저녁으로 두 번 주세요. 먹이의 양이 너무 적어 주자마자 5분 안에 모두 달려들어 몽땅 먹어 치워버리고 더 이상 먹을 것이 없어서 1시간만 지나면 그때부터 하루 종일 배가 고파요. 심지어 양이나 염소 녀석들은 더러운 바닥까지도 완전히 싹싹 핥아먹어요. 그래서 쌍봉낙타가 그렇게 철없이 초가지붕의 짚을 뜯어먹기도 하는 거

구요. 그 녀석이 유일하게 지붕 꼭대기까지 키가 닿거든요.

우리 당나귀들은 다행인지 불행인지 오래전부터 사람들과 친하게 지내왔어요. 지금도 다른 동물들은 사육사나 수의사 아저씨가 오시면 멀리 피하려 하는데 우린 항상 먼저 가까이 다가가서 아는 척을 해요. 멀리 지나가도 "꺼억 꺼억"하고 힘차게 소리를 질러대며 아는 척을 해요. 그러면 귀를 막고 달려와선 풀 한 덩이라도 던져주면서 "이것 먹고 제발 조용히 좀 해라."하고 우리에게 사정을 하기도 하지요. 음향 효과는 만점입니다.

그런데 이렇게 얻은 풀을 쌍봉낙타가 어느새 나타나서 자기가 먼저 그 풀을 차지하고 먹기 시작해요. 우리들은 우리가 받은 것인데도 옆에서 조심조심 훔쳐 먹듯 불쌍하게 얻어먹는답니다. 재주는 우리가 부렸는데 먹는 건 딴 놈이 챙기는 꼴이지요.

"꺼억 꺼억"하고 인사해요.

이렇게 해서도 도저히 배고픔을 참을 수 없으면 혹시 땅에 떨어진 풀씨라도 없나 살펴봐요. 그러다보면 어느 순간 다른 동물들의 똥이 눈에 확 들어와요.

똥이 더럽긴 해도 영양소와 섬유질이 많아요.

 똥이 더럽다는 건 물론 우리도 잘 알아요. 하지만 똥에는 미처 소화시키지 못한 귀한 영양소와 섬유질이 잔뜩 들어있어 어느 정도 먹고 나면 배가 조금 든든해져요.

 가장 맛있는 똥은 엄마, 아빠의 것이지만 염소 똥도 그런대로 먹을 만해요. 낙타 똥은 꼭 쑥송편같이 생겼는데 좀 찝찝하기는 해도 워낙 양이 많아서 열 덩어리 정도만 먹어도 금방 배가 불러요. 엄마 아빠는 내가 태어나면 이런 짓은 절대 가르치고 싶지 않았다고 늘 이야기하시지만 지금은 제게 먼저 맛있는 똥을 먹으라고 양보도 해 주신답니다.

 저에게는 작은 소원이 두 가지 있어요. 첫째는 배부르게 먹어서 사람들이 더러워하는 똥을 안 먹는 날이 왔으면 하는 거예요. 다른 하나는 옛날 당나귀들처럼 언젠가는 여기 동물원에서 독립해 세상으로 나가는 거랍니다.

 비록 나가서 등에 무거운 등짐을 지더라도 좋은 주인님을 만나 함께 평생 여러 곳을 여행해 보고 싶어요.

당나귀 [donkey]

- 학명 : Equus asinus
- 분류 : 기제목 말과
- 크기 : 몸 높이 120~130cm, 몸무게 200~300㎏
- 수명 : 약 30년
- 생식 : 임신 기간은 약 1년으로 새끼는 1마리 낳는다.
- 분포 지역 : 아프리카, 아시아, 남아메리카, 유럽, 러시아, 미국
- 서식 장소 : 사막이나 평야, 건조 지대
- 먹이 : 풀, 야채, 과일이나 나뭇잎
- 특징 : 말과에 속한 동물의 재미있는 특징은 자기 똥을 먹는다는 것이다. 원래 말똥에는 미처 소화되지 않은 영양소가 많이 들어있기 때문이다. 그러나 가끔 다른 초식 동물들의 똥도 주워 먹는다. 그리고 당나귀는 길들이기 쉽지만 자기 고집이 무척 강한 동물이기도 하다. 아프리카의 야생 당나귀가 조상이다.

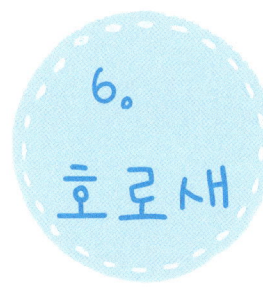

6. 호로새 뿔닭아, 날아라

아프리카 초원에 사는 닭에 대해서 들어 보셨나요? 바로 "호로로" 울어서 '호로새' 혹은 이마에 뿔이 나있어 '뿔닭'이라고 불리는 우리가 바로 그 주인공이랍니다. 우리가 있어서 아프리카에서는 표범, 리카온, 비비원숭이 그리고 큰 뱀들까지도 굶주리지 않고 살 수 있어요. 만일 우리라도 없었으면 그들은 아마 사냥할 거리가 없어서 굶어 죽었을 거예요.

이렇게 만날 사냥만 당하고 잡혀 먹히니 혹시 불쌍하다고 생각하실지 모르겠네요. 하지만 그건 어쩔 수 없는 일이지요.

그래서 우리는 사는 것과 죽는 것에 그렇게 큰 의미를 두지 않고 산답니다.

 조물주도 우리가 슬픔에 빠지지 않도록 짧은 기억력밖에는 주시지 않았나 봐요. 우린 옆의 동료가 갑자기 사라져도 뒤돌아서면 바로 무슨 일이 일어났는지 전혀 모르게 된답니다. 그래서 우리는 하루 종일 먹고 자고 달리고 땅 파고 하면서 항상 즐겁게 지낼 수 있어요.

 이곳 동물원에 오고 나서는 사냥 당해 죽을 염려는 없어졌지만 좁은 데서 갇혀 살다보니 정말 답답해서 못 살겠어요. 바깥에 내놓아도 잘 날지도 못하는 우리가, 도대체 어디로 달아난다고 그러시는지 그냥 풀어놓아도 우린 절대 먼 곳으로는 달아나지 않을 텐데요. 오히려 먹이를 달라고 사람들을 졸졸 따라 다닐 거예요.

이마에 뿔이 있어서 '뿔닭'이라고도 해요.

 그리고 어렵게 아프리카에서 데리고 왔는데 고양이나

너구리들에게 잡아먹히면 어떻게 하냐고 하시는데요, 전혀 걱정하지 마세요! 그 날쌘 표범에게서도 달아나는 우리가 그런 것들한테 쉽게 잡히겠어요. 비록 두 발만 가지고 있지만 토끼들보다 더 빨리 뛸 수 있고, 나뭇가지 정도는 쉽게 날아오른답니다. 날개가 아무리 짧더라도 우리 역시 새는 새잖아요.

우린 누군가가 놀라서 울기 시작하면, 모두가 따라서 합창을 하듯이 한꺼번에 "호로 호로로"하고 큰 소리로 울어요. 그러면 사람들은 시끄러워서 귀를 막아버린답니다. 우리 소리가 좀 큰 건 맞아요. '뭉치면 살고 흩어지면 죽는다.'는 말처럼 우린 서로 떨어지지 말자고 그렇게 큰 소리로 동료들을 부르는 거예요. 우리 같은 거친 야생 동물들에게 집안의 카나리아처럼 예쁜 목소리를 기대하는 건 오히려 잘못된 거지요.

잡아먹히지 않으려고 무섭게 생긴 거예요.

또 사람들은 우리 생김새를 가지고 마치 도깨비 같다는

둥, 정말 못 생겼다는 둥 괄시를 하곤 해요. 이것 역시 다른 동물들에게 조금이라도 무섭게 보이려고 만들어진 자연의 작품이랍니다. 잡아먹힐 염려가 없는 사람들은 성형수술도 하고 하지만 우린 예쁘게 보일 여유라곤 없거든요. 모르겠네요, 동물원에 오래 살다보면 외모에 신경을 쓰게 될 날이 올지도….

사람들 속담 중에 '굼벵이도 구르는 재주가 있다.'고 하잖아요. 드디어 우리도 숨은 실력을 발휘할 기회가 찾아왔어요. 동물원 원장님이 일본에 다녀오시더니 그곳의 '버드 쇼'에 홀딱 반하셨어요. 그래서 우리 동물원도 그냥 전시만 하는 호로새와 공작들을 훈련시켜 '새쇼'를 한 번 해 보자고 조련사를 일본에 보내 배워오게 했어요.

어느 날 아침 우리는 영문도 모른 채 우리에서 끌려나와 산으로 쫓겨 올라갔어요. 처음 하는 등산이고 또 불안하기도 해서 모두 다 "헉헉"대며 지쳐 버렸지요. 조류 사육사 아저씨는 산 중턱쯤에서 우리를 이상하게 생긴 집으로 몰아넣었어요. 그 집은 들어가는 큰 문 하나와 안에서 바깥으로 난 작은 구멍만 한 개 뚫려 있는 지은 지 얼마 안 된 통나무집이었어요. 갑자기 그 작은 구멍이 번쩍 열려서 내다보니까 바로 바깥은 까마득한 낭떠러지지 뭐예요. 놀라서 뒤로 주춤주춤 물러서려는데 사육사 아저씨는 우리들을 모두 일방적으로 그 구멍으로 한꺼번에 몰아가시는 거예요.

위험하다고 느끼는 순간, 저도 모르게 다른 친구들에게 떠밀려 그 낭떠러지 아래로 추락했어요. '아, 이대로 죽는구나!' 생각하고 눈을 꼭 감아버렸어요. 그런데 갑자기 몸이 붕 뜬 거 같은 느낌이 들어 눈을 살짝 떠보니, 글쎄 제가 혼자서 날고 있었어요. 그것도 짧은 날개를 흔들어 방향까지 잡아가면서 말이지요.

'아, 나도 날 수가 있구나.'

그제야 비로소 제가 날 수 있다는 사실을 알았어요. 엄밀히 말하면 진짜 나는 건 아니에요. 행글라이더처럼 날개를 펴고 바람을 타면서 활공을 하는 거지요.

아래에서는 조련사 아가씨가 착륙 지점에서 우리를 기다리고 있었어요. 몇 마리만 빼 놓곤 모두가 정확히 그 지점에 착륙을 했어요. 저는 좀 재주를 부려보려고 한 번 돌고 내리려다 그만 큰 나무 위에 불시착해 버렸어요. 그래도 전혀 걱정 없었어요. 바로 뛰어내리면 또 날아서 착륙할 수 있는 걸요. 그 후 우리는 정말 나는 일에 푹 빠져버렸어요.

 다음 연습 때는 힘든 줄도 모르고 서로 먼저 가겠다고 산을 내달려 올라가는 시합까지 벌이기도 했다니까요. 사육사 아저씨가 오히려 우리들을 쫓아오느라 진땀을 뺐지요. 그리고 그 이상한 집, 아니 출발 지점에 당도해서는 누가 시키지 않아도 작은 문만 열리면 '출발' 하고 한 마리씩 차례로 공수부대 군인 아저씨들이 비행기에서 뛰어내리듯 우아한 자세로 뛰어나 갑니다.

 오늘도 서로 먼저 가겠다고 앞 다투어 출발 지점으로 올라가서 뛰어내렸어요. 평소와 같이 착륙 지점에 도달하니 예쁜 옷을 차려입은 조련사 아가씨와 주위에 수많은 사람들이 우리를 지켜보고 있었어요.

 오늘이 드디어 사람들 앞에서 정식 공연을 하는 날이었던 거예요. 사람들이 박수를 치며 환호를 하니 정신이 없어진 몇몇 친구들은 착륙 지점을 한참 벗어나기도 했지만 저를 포함

한 대부분의 호로새들은 무사히 그리고 멋지게 착륙하여 사람들의 우레와 같은 박수갈채와 환호성을 받을 수 있었답니다.

그 후로 우리는 이곳 동물원의 최고 스타가 되었어요. 동물원 사람들도 더 이상 날지 못한다고 우리를 절대 무시하지 않아요. 우리가 비행을 하기 위해 나란히 단체로 행군할 때면 사람들은 옆에서 기대가 가득한 눈으로 지켜보면서 "바로 저 새들이 하늘을 난다는 그 유명한 '아프리카 닭'들이래." 하고 수군거리는 소리가 여기저기서 들린답니다.

호로새 [helmeted guineafowl]

- 학명 : Numida meleagris
- 분류 : 닭목 호로새과
- 크기 : 몸길이 43~74cm, 몸무게 1.8kg
- 체색 : 검은색에 흰 반점
- 수명 : 약 20년
- 생식 : 7~20개의 알을 낳는다. 부화 기간은 26~28일 걸린다.
- 분포 지역 : 아프리카의 마다가스카르, 수단, 케냐, 우간다
- 서식 장소 : 삼림 지대, 초원이나 덤불 속
- 먹이 : 잡식성, 식물의 종자나 곤충
- 특징 : 호로새는 자유분방하고 서로를 부르는 수단으로 "호로 호로"하는 시끄러운 소리를 낸다. 평상시에는 잘 날지 않지만 위기가 닥치면 꽤 멀리까지 날아오를 수 있고 높은 곳에서 활공이 가능하다.

7. 호랑이 호돌이의 탈출기

 호랑이라고 해서 다 호랑이라고 할 수 없어요. 우리 인도호랑이 남매는 단지 사람들의 즐거움을 위해, 태어나자마자 바로 어미한테서 강제로 떨어져 사람들 손에서 길러졌답니다. 15일쯤 지나야 비로소 눈이 보이기 시작하는데 처음으로 보는 동물이 바로 사람이었어요. 동물들은 대부분 처음 보는 대상을 엄마로 착각하고 따른답니다.

 조련사 엄마를 따라서 어렸을 적부터 여기저기 공연을 다녀야 했어요. 더 심한 것은 공연 중에 사람을 할퀼지 모른다고 동물병원에서 발톱을 모두 뽑아 버린 거예요.

 발톱이 빠져 버린 호랑이는 더 이상 밀림의 제왕이 아니랍니다. 사냥을 하나도 못할 테니까요. 그리고 평생 동물원이나 공연장만 옮겨 다니며 사는데 발톱이 무슨 소용이냐 할지도 모르지만, 전혀 그렇지 않아요. 발톱은 사냥할 때만 쓰이는 것이 아니니까요. 호랑이들 간의 다툼에서도 꼭 필요한 방어나 공격용 무기거든요. 발톱 빠진 호랑이는 같은 무리 내에서도 가장 약한 그룹에 속하게 되어 운이 나쁜 경우엔 집단 공격을 당해 다치거나 죽기도 한답니다.

 저희 남매도 마찬가지였어요. 어려서 발톱을 모두 수술해서 이제 하나도 남아 있지 않았어요. 저는 동생 호순이와 함께 살고 있어요. 어렸을 때 우린 한참 동안 사람들의 귀여움을 독차지하기도 했지만 어느 정도 자라니까 무섭다고 엄마처럼 대해주신 조련

아직 눈도 못뜬 호랑이 새끼.
15일 정도 지나야 눈을 뜬답니다.

호랑이는 태어나서 제일 먼저 본 대상을 엄마라고 생각해요.

사도 더 이상 저희에게 가까이 오지 않았어요. 저와 동생은 어둡고 좁은 철창 안에 갇혀 던져 준 먹이나 먹고 하루 종일 자는 게 일이었답니다.

다행히 한 지방 동물원에서 호랑이가 없다고 저희를 원했대요. 저희가 태어나고 살아온 공연장에서는 늙은 호랑이들은 밥만 축내는 골칫거리였는데 사간다니 얼마나 좋았겠어요. 이렇게 쫓겨나듯 팔려간 우리 남매는 드디어 앞으로 평생 동안 살아가야 할 이곳 동물원이란 터전에 자리를 잡았답니다. 땅을 디딜 수 있는 넓은 운동장도 있고 방 같은 내실도 있어서 훨씬 살기 좋은 곳이었어요.

그런데 공연장에서 철창 우리에 갇히면서부터 이상하게 저는 그동안 키워준 사람들이 적으로 보이기 시작했어요. 그래서 옮기자마자 불안해서 사람들에게 사납게 으르렁거렸더니 이곳 사육사들은 우리를 굉장히 무서워했어요. 우리도 가까이에서 사람 냄새가 나는 게 더 이상 달갑지 않았고요. 문 가까이에 누구라도 다가오면 이빨을 드러내고 으르렁거렸어요. 저는 일부러 뒤로 돌아서서 오줌 세례를 날려버리기도 했답니다.

하루는 동생 호순이가 갑자기 절룩거리기 시작했어요. 아무리 제가 발바닥을 핥아줘도 전혀 낫지를 않았어요. 동물원 수의사 아저씨가 와서 무슨 일인가 검사를 해봐야겠다며 마취총을 쏴서 동생을 잠 재웠어요. 다행히 큰 상처는 아니어서 치료한 후에는 깨끗이 나았답니다. 그때 이후 동생을 치료해 준 그 수의사 아저씨는 조금씩 친근한 느낌으로 다가왔어요.

이제 제 나이도 벌써 4살이 되었어요. 보통 3살이 넘으면 야생에서는 가족들에게서 독립할 나이랍니다. 독립해서 사냥도 스스로 해야 하고 대를 이을 새끼도 만들어야 할 때예요. 저도 요즘 기분이 이상해요. 괜히 동생 호순이 뒤를 쫓아다니기도 하고 옆의 시

보통 3살이 넘으면 독립해서 살아갑니다.

베리아 호랑이들 들으라고 괜히 큰 소리를 지르기도 한답니다. 그러다가는 바깥에 뛰쳐나가서 한 번 힘차게 달려 보고픈 마음이 마구 생기는 거예요.

어느 날 저녁 저는 그 충동을 참지 못하고 기어이 전기 철책을 뛰어넘고 말았답니다. 그러나 전기 철책 너머에는 물이 조금 채워진 '모트' 라는 거대한 낭떠러지 함정이 도사리고 있었습니다.

그래서 뛰어넘음과 동시에 그곳으로 그대로 퐁당 떨어져 버렸답니다. 다행히 물이 있어서 다치지는 않았는데 벽이 미끄

럽고 높아서 아무리 점프를 해봐도 올라갈 수가 없었어요. 더구나 저는 벽을 붙들 발톱도 없잖아요. 그렇게 무심히 황소개구리의 "우억 우억" 소리를 들으면서 갈대밭에 웅크리고 앉아서 춥고 배고픈 하룻밤을 보냈어요.

  다음 날 아침 사육사 아저씨가 저를 찾다가 우연히 모트를 보시고는 깜짝 놀라서 동물원 사람들을 모두 모이게 했습니다. 저는 여러 사람들에게 둘러싸였고 마치 큰 죄를 지은 죄인 같은 기분이 들었어요. 하지만 그래도 제가 호랑이잖아요. 사람들에게 한 번 힘차게 으르렁 거려 주었더니 모두가 무서워서 잠시 뒤로 물러나더군요.

  그러더니 제가 스스로 올라오게 하겠다고 긴 나무 사다리를 만들어 와서 밑으로 내려주더라고요. 하지만 그 나무 사다리는 제가 디디고 올라가기에는 너무 약해서 두 칸 정도 올라가자 그만 툭하고 부러져 버렸어요. 그래서 다시 물속으로 풍덩 떨어졌답니다.

  사다리로도 안 되자 다음은 그 친근한 느낌이 드는 수의사 아저씨가 마취 총을 들고 나타나셨어요. 그 아저씨라면 꼭 나를 여기서 구해줄 거라 믿고 가만히 마취 총을 맞았어요. 한 5분 정도 지나니 다리에 힘이 풀리고 다시 5분이 더 지나자 이제 몸을 가눌 수조차 없게 되더군요. 수의사 아저씨는 제가 주저앉으면 머리가 물에 잠겨 익사한다고 하시면서, 제가 쓰러지기 전에 내려오셔서 제 머리를 받쳐주셨어요. 그러고는 나머지 사람들을 불러서 안심하고 내려오라고 하셔서 저를 기중기에 매달아 제자리로 올려주시던 것까지 기억이 나요.

오전 내내 마취에 취해 잠을 잤더니 오후에는 가뿐한 몸으로 깨어날 수 있었어요. 비록 물에 빠지긴 했지만 위험한 모험을 한 번했더니 그래도 그동안 답답했던 기분이 굉장히 나아졌어요.

그러나 모든 게 잘 끝났다고 너무 안심하지는 마세요! 제가 언제 다시 탈출하고픈 마음이 생길지는 저도 확실히 장담할 수 없으니까요.

인도호랑이

[벵골(벵갈)호랑이, Bengal tiger]

- 학명 : Panthera tigris tigris
- 분류 : 식육목 고양잇과
- 크기 : 몸 길이 250~300cm, 몸무게 150~200kg
- 수명 : 15~20년
- 생식 : 임신 기간은 100~110일이고 3~4마리의 새끼를 낳는다.
- 분포 지역 : 네팔, 방글라데시, 부탄, 미얀마, 인도 벵골 지방
- 서식 장소 : 물 근처의 열대 밀림
- 먹이 : 사냥을 통한 신선한 육류(영양, 소, 멧돼지 등)
- 특징 : 인도호랑이는 고양잇과 동물 중에 특히 물을 좋아한다. 호랑이는 번식 계절이 일정하지 않지만 주로 따뜻할 때 새끼를 나려고 조절한다. 수컷은 성격이 급하고 성충동이 강하기 때문에 가끔 동물원에서도 이런 점프 사건이 일어나기도 한다. 야생에선 멸종 위기 동물이다.

8. 사슴 아기 사슴 담비의 하루

초식 동물인 사슴들은 태어나는 그 순간부터 부지런히 해야 할 일들이 있어요. 엄마 뱃속에서 나오자마자 바로 정신 차리고 벌떡 일어나서 엄마 젖을 열심히 찾아야 해요. 그리고 누가 보기 전에 재빨리 안 보이는 곳으로 숨어야 하지요.

엄마는 새끼들이 엄마 젖을 빨아야 비로소 '그래, 네가 내 아기구나.' 하고 알아보고 돌봐줘요. 비틀비틀 거리며 젖을 잘 못 찾는 새끼들은 사육사나 수의사 아저씨가 돌보지 않으면 그대로 죽어버리고 엄마는 굳이 애써서 돌봐주려 하지 않아요. 그것이 냉정한 야생의 법칙이라는 거지요.

그리고 비록 동물원에서 태어나긴 했지만 우린 아직 유전자 속에 야생의 습성이 고스란히 남아있어 엄마, 아빠가 먹이를 먹을 때 우리는 얌전히 숨어 있어야 해요. 그래야 우리를 잡아먹으려는 다른 육식 동물들한테 들키지 않으니까요. 그런 숨바꼭질은 누가 가르쳐 주지 않아도 엄마 뱃속에서부터 미리 알고 나오는 거예요.

꼭꼭 숨어라.
머리카락 보일라.

아참 저는 아기 꽃사슴 '담비'랍니다. 저 역시도 태어나서 10분만에 다리를 흔들흔들하며 간신히 일어나서 엄마 젖을 찾아 먹는 데 성공했답니다. 살아가는 첫 시험을 무사히 통과한 셈이에요. 엄마는 제가 젖을 빨고 있을 때 제 온몸을 열심히 핥아서 깨끗이 닦아주고 말려주셨어요.

배가 부르고 몸도 가뿐해진 저는 주변을 두리번거리다 마침 돌무더기가 보여서 그곳으로 얼른 달려가 몸을 둥그렇게 말고

'새근새근' 잠이 들었어요. 잠시 그렇게 졸다가 깨어보니 주변에 저와 비슷하게 생긴 친구들이 여럿 모여 있었어요. 개네들도 저처럼 꼭꼭 숨어있었기 때문에 제가 미처 발견하지 못한 거예요.

우리 꽃사슴은 계절 번식 동물이라고 해요. 풀이 파릇파릇한 봄, 같은 시기에 태어나요. 며칠 차이는 있지만 그냥 형, 동생으로 부르지 않고 모두 친구처럼 지내요. 그중에서도 비록 하루 이틀 늦게 태어났지만 조금 덩치가 큰 제가 대장 노릇을 하게 되었어요. 어른들이 먹이 먹을 땐 저를 중심으로 어울려 놀거나 함께 돌무더기나 구덩이 속으로 들어가 쉬어요. 아마도 사람들은 우리들이 하는 것을 보고 숨바꼭질 놀이를 개발했을지도 몰라요.

엄마는 젖을 줄 때도 그냥 쉽게 주지 않아요. 꼭 제가 달려가서 엄마 배를 입으로 톡톡 쳐야 다리를 살짝 벌려서 제가 편안하게 젖을 빨도록 해 준답니다. 우리가 그렇게 자극을 주지 않으면 엄마도 젖을 나오게 하는 호르몬이 분비되지 않아 젖이 잘 나오지 않는대요. 참 신기하죠?

사슴들은 주로 낮에는 쉬고 밤에 활동을 많이 해요. 그래서 낮에는 주로 그늘에 앉아 쉬면서, 어른들은 되새김질을 하고 우리들은 장난을 치거나 선잠을 자요. 우린 사람들처럼 깊은 잠은 못 잔답니다. 언제 육식 동물들이 들이닥칠지 모르기 때문이지요. 엄마 아빠가 잠자는 모습은 한 번도 못 본 것 같아요.

옹기종기 모여 쉬고 있어요.

우리 아빠는 여기 사슴 무리의 대장이에요. 아빠는 몇 년째 대장 노릇을 하고 있어요. 대장이 되면 모든 암컷을 독차지하기 때문에 그 해에 태어나는 모든 아기들은 대부분 아빠의 새끼가 되는 셈이지요. 그러니 우리 모두는 진짜 형제라고도 할 수 있지요.

올해는 형제들이 4마리나 생겼어요. 어른들 풀 먹을 땐 우린 한쪽에 모여서 우리끼리 재미있게 놀아요. 때론 너무 더워 모두 먹는 물통 속에 한꺼번에 '풍덩' 들어가 놀다가 그만 아빠한테 들켜 호되게 야단을 맞기도 했어요. 그래도 아빠는 결코 우리를 때리거나 뿔로 받거나 하지는 않아요. 아빠의 뿔은 나날이 쑥쑥 자라서 올해도 역시 가장 큰 뿔을 가진 대장 사슴이 될 것 같아요.

우리가 사는 이곳 이웃에는 오른쪽에 '엘크'라는 큰 사슴들이 사는데 개네들은 같은 사슴이라도 우리를 깔보고 무섭게 위협해요. 울타리 근처에 조금만 얼씬거려도 코를 씩씩 불면서 가까이 오지 말고 저리 가서 놀라고 바로 쫓아온답니다. 그래서 개네들과는 가까이 지내지 않아요. 그리고 왼쪽 편에는 작년에 남편이 죽어 새끼도 없이 혼자 사는 조랑말 아주머니가 살고 있어요.

솜이불 같은 털을 가진 흰색 조랑말.

저는 호기심이 많아서 어느 날 울타리 밑으로 난 구멍으로 살짝 그 아주머니 혼자 사는 우리 안으로 들어갔답니다. 아주머니는 잠깐 놀라시더니 관심 없다는 듯이 이내

다시 열심히 풀을 씹으셨어요. 저는 점점 가까이 다가가 옆의 사료도 건드려 보고 풀도 씹는 시늉을 하고 있으니까, 아주머니는 신기한 듯 저를 쳐다보시더니 이렇게 말씀하셨어요.

"풀은 그렇게 씹는 게 아니야."

그리고 씹어서 연하게 만들어진 풀을 먹어보라고 뱉어 주셨어요. 그 풀은 참 부드러우면서 침이 발라져 씹기 편했어요. 그 날 이후로 저는 돌무더기 놀이터 대신에 그 아주머니네로 날마다 건너가 아주머니 곁에서 옛날이야기도 듣고 아주머니 등에 기대어 졸기도 했어요.

어느 날 갑자기 하늘이 까매지더니 소나기가 퍼붓기 시작했어요. 어찌나 세차게 쏟아지던지 운동장이 모두 패어나갈 지경이었어요. 어른들은 모두 처마 밑으로 피했는데 우리 아이들까지 한꺼번에 들어가기에는 너무 비좁았어요. 그래서 저는 애들에게 한 가지 제안을 했어요.

"애들아, 우리 조랑말 아주머니 네로 들어가자!"

그곳에도 역시 큰 처마가 하나 있는데 아주머니 혼자 쓰시거든요. 쉽게 잘 따라오지 않던 친구들은 비가 너무 많이 와서 털이 모두 젖기 시작하니까 그때서야 비로소 저를 따라 들어왔어요. 아주머니는 우리 친구들까지도 모두 웃으시면서 반갑게 맞아주셨어요. 우린 비오는 한나절 내내 아주머니에게 재미있는 이야기도 듣고, 살며시 등에 기대어 졸기도 하면서 아주 즐거운 한 때를 보냈답니다.

타이완꽃사슴
[Formosan deer]

- 학명 : Cervus nippon taiouanus
- 분류 : 소목 사슴과
- 크기 : 몸길이 150㎝, 어깨 높이 83~90㎝, 몸무게 42~90㎏
- 몸 색깔 : 여름-연한 갈색 털, 겨울-오렌지 빛을 띤 갈색 털, 여름과 겨울 모두 흰 반점
- 생식 : 임신 기간은 6~7개월이고, 늦봄에 새끼를 1마리 낳는다.
- 분포 지역 : 타이완, 한국, 일본, 중국
- 서식 장소 : 산악 지대
- 먹이 : 낙엽이나 식물의 어린 싹을 먹음.
- 특징 : 꽃사슴은 주로 야생의 돌무더기가 많은 언덕에서 생활한다. 어린 새끼들은 어미가 멀리 먹이를 찾으러 나가 있는 동안 독수리나 늑대 같은 천적을 피하려고 주로 돌 틈 속에서 은밀히 숨어 지낸다. 집단으로 모일 때는 같은 새끼들끼리 어울려 장난을 치며 놀기를 즐긴다. 새끼들은 호기심이 많아 때론 위험에 노출되기도 한다.

9. 곰   세 발가락 우미

아무리 동물원이라 해도 곰들은 이상하게 자연에서처럼 꼭 눈보라 치는 한겨울에 새끼를 낳아요. 저 우미도 금년 1월에 갑자기 세상에 나온 작은 수컷 불곰 새끼랍니다. 우리 형제는 모두 합해 세 마리가 태어났어요. 눈도 못 뜬 채 태어났으니 서로 얼굴도 몰라요.

우리들의 탄생은 동물원에선 전혀 예상치 못한 일이었대요. 왜냐하면 작년 여름에 아빠 곰이 엉덩이에 난 종기가 안으로 썩어 들어갔다고 해요. 수의사 아저씨가 마취까지 하면서 아무리 치료하려고 노력했지만 잘 낫지를 않았대요. 그러던 어느 날 아침 사육사 아저씨가 밥 주러 왔다가 마치 목욕하듯 차가운 물통 속에 들어가 죽어 있는 아빠를 발견했대요.

아빠가 그렇게 죽었으니 사람들은 이제 수곰도 없는데 어떻게 새끼가 나오랴 했대요. 그런데 아빠는 이미 죽을 걸 알았는지 미리 결혼을 해서 엄마 곰에게 우리를 갖게 했나 봐요.

이번 겨울은 유난히 추웠어요. 그래서 큰 암컷 세 마리가 춥다고 밖에도 나가지도 않고 좁은 내실에서만 옹기종기 모여 사니 그 안이 얼마나 좁고 답답했겠어요.

더구나 겨울잠을 자는 중이라 반수면 상태니 자기들이 무슨 짓을 하고 있는지도 잘 몰랐겠지요. 그중 한 암곰에서 우리가 태어났어요. 그런데 암컷들 중에 유난히 짓궂은 처녀 암곰이 우리를 엄마에게서 몰래 빼내어 젖도 안 나오는 자기가 키우려고 했나 봐

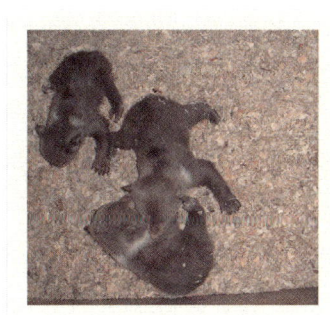

아기 곰 세 마리.
곰 세마리가 한 집에 있어. ♪

곰 발바닥. 곰도 사람처럼 발가락이 다섯 개네요.

요. 얼마 있다가 그 사실을 알게 된 엄마와 그 암곰 간에 한바탕 큰 싸움이 벌어졌고요.

그 통에 결국 새끼 두 마리는 그 암곰들의 발에 밟혀 죽고 겨우 저만 구석으로 기어 들어가 살기는 했지만 저 역시 오른쪽 앞 발가락 2개와 왼쪽 뒤 발가락 2개가 없어져 버렸어요.

그 후 사람들은 저를 **세 발가락 우미**라고 부르기 시작했어요. 두 마리가 죽은 걸 본 사육사 아저씨는 도저히 안 되겠다 싶었는지 수의사 아저씨와 의논하여 태어난 지 겨우 삼 일밖에 안 된 저를 엄마 품에서 떼어냈어요. 그때부터 전 수의사 아저씨와 공익 근무 요원들 품에서 키워지기 시작했답니다.

처음으로 엄마 젖 대신에 사람의 아기들이 먹는 분유를 먹었어요. 사실 저는 사람의 아기들보다는 좀 더 진한 젖을 먹어야 해요. 왜냐하면 우리 곰은 굉장히 성장 속도가 빠르기 때문에 일시적으로 영양분이 많이 필요하거든요. 엄마에게 미처 정이 들기 전에 떨어져서 그런지 저는 젖을 돌려가며 주는 공익 근무 요원 아저씨들이 마치 여러 엄마들처럼 느껴졌어요.

아기 사슴도 젖병에 분유를 먹네요.

하지만 엄마 젖은 찾으면 늘 그 자리에 있지만 사람들이 주는 것은 하루에 네 번으로 정해져 있어 항상 배가 고팠어요. 그래서 삐죽 튀어나온 모양은 보이는 대로 쪽쪽 빨고 다녔더니 또 하나 새로운 별명이 생겼는데 바로 '쪽쪽이' 예요.

5명의 공익 근무 요원들은 햇빛 좋은 날이면 저를 데리고 나가 산책을 시켰어요. 저도 불곰이라 그런지 가끔은 불같이 화가 나서 손을 휘젓고 소리를 꽥꽥 질러 사람들을 놀라게 할 때도 있었어요. 한참 젖을 빠는데 누가 젖병이라도 빼버리면 아직 채 나지도 않은 이빨로 공익 근무 요원 아저씨들을 살짝 물기도 했어요. 그러니 산책 나갈 땐 찾아온 관람객들에게도 행

9. 곰

여 똑같은 짓을 할까 봐 제 어깨에 개 목줄을 묶고 산책을 나간답니다.

제가 나가면 어린이들부터 어른들까지 제 곁으로 구름처럼 몰려들어, "정말 곰 맞아요?", "아니야. 새로운 개 종류일 거야." 하고 말싸움을 벌이기도 해요. 그럴 땐 아저씨들이 살짝 제 어깨를 잡아당기며 이 한마디만 하면 모든 게 끝나요.

"일어서 봐!"

제가 일어서서 걷기 시작하면 사람들은 비로소 "정말 곰이네!" 하면서 서로 앞 다투어 함께 사진을 찍고, 만지려고 한답니다. 그런 사람들의 관심이 별로 귀찮거나 싫지는 않았어요. 덕분에 산책을 많이 다니게 되어 더 좋기도 했고요.

일단 산책에서 돌아오면 수의사 아저씨가 혹시 발바닥에 상처가 나지는 않았는지 살펴보신 후에 저에게 또 장난을 걸었어요. 먼저 주먹으로 제 얼굴을 살짝 때려요. 저도 놀라서 같이 때려보려 하지요. 그러면 바로 권투시합이 되는 거예요. 수의사 아저씨가 그러는 것은 '네가 혼자 있으니 다른 새끼들과 장난칠 기회가 없구나. 대신 나하고라도 놀자.' 라고 생각하시

면서 하는 일이에요. 그래야 힘도 생기고 순발력도 키워지는 거라고요. 한 번은 TV를 보다가 그곳에 제 나이 또래의 곰 새끼들이 함께 싸우고 뒹구는 모습을 보았어요. '나도 덩치 큰 아저씨랑 만날 저렇게 하고 있잖아.'라고 생각하니 별로 부럽지 않았어요.

태어나서 5개월쯤 지나니 제 이빨과 발톱도 제법 많이 자랐어요. 그러나 새로운 문젯거리가 생겼어요. 제가 자꾸 자라나는 이빨과 발톱이 너무 길고 간지러워 소파며 의자, 신발 등 모든 것을 물어뜯고 찢어놓아 난리가 난 거예요. 한두 번은 참던 사람들도 도저히 안 되겠다 싶었는지 저를 철창에 가두고 말았어요.

"이렇게 얌전히 있을게요. 꺼내주세요~"

그 후로 공익 근무 요원들도 무섭다고 저와 별로 놀아주지 않았어요. 아무리 악을 쓰고 철창을 물어뜯어도 수의사 아저씨가 가끔 치료만 해 줄 뿐 저를 꺼내주지는 않았어요. 그러다 한 번은 수의사 아저씨가 한참을 슬프게 저를 바라보시며 혼자 말씀하시는 거예요.

"이렇게 사람들이 많이 사는 곳에서 너같이 행동하면 같이 살 수가 없는 거야. 그리고 너만 생각할 수 없으니 계속 돌봐 주기가 힘들구나. 그래서 내가 알아봤는데 너를 잘 키워 줄 좋은 동물원이 있대. 슬프지만 할 수 없이 너를 그곳에 보내야 할 것 같아."

저도 알고 있었어요. 사람들이 제가 말썽만 피운다고 저를 돌보시는 아저씨를 자꾸 원망했다는 걸요. 드디어 떠나는 날이 되었어요. 제가 새로 갈 동물원에서 사람들이 저를 데리러 왔어요.

저는 별로 반항하지 않고 조그만 케이지에 얌전하게 들어갔어요. 실은 제가 그 날 다른 곳으로 가는지는 상상도 못했거든요. 그냥 낯선 사람들이 보고 있는 것이 두려

케이지 안으로 얌전히 들어간 불곰 우미.

워서 얌전히 있었던 거예요. 그 모습을 보고 공익 근무 요원들과 수의사 아저씨는 오히려 더 슬퍼하셨어요. 그리고 차 속에서 손을 흔들며 서 있는 모습을 본 것이 마지막이었어요.

저는 5시간을 달리는 동안 심하게 멀미를 하면서 겨우 서울의 한 동물원에 도착했어요. 그곳에선 저를 사람들이 볼 수 있는 유리방에 가두고는 제가 좋아하는 우유대신 소고기며 야채를 거의 뷔페처럼 차려주었어요. 친절한 전담 조련사 누나도 있었어요.

하지만 이곳에 정을 주려고 노력할수록 자꾸 옛날 동물원 시절이 생각나는 거예요. 그곳에는 진짜 엄마와 엄마같이 저를 키워 준 사람들의 냄새가 고스란히 남아 있었으니까요. 아마 그 냄새 때문에 제가 그렇게 편안하고 행복하게 지낼 수 있었나 봐요. 그런데 여긴 온통 사람들 냄새뿐 내가 아는 냄새라곤 하나도 없었어요. 저는 겨우겨우 맛있는 것만 추려가면서 조금씩 먹고, 조련사 누나와 가끔 장난칠 뿐이에요.

그러던 어느 날 아침부터 몸도 굉장히 아프고 모든 일이 하기 싫어졌어요. 심지어 먹는 일조차도요. 동물병원에도 가봤지만 누구도 제 병의 원인을 확실히 알 수 없었어요. 왜냐하면 제 병은 마음의 병이었거든요. 사람들은 동물들도 마음의 병이 있다는 걸 잘 모르는 것 같아요. 그렇게 일주일쯤 아프다가 이 동물원에 온 지 겨우 두 달만에, 아빠가 가신 곳으로 저도 모르게 따라가게 되었답니다.

유라시아불곰
[Eurasian brown bear]

- 학명 : Ursus arctos arctos
- 분류 : 식육목 곰과
- 수명 : 약 40년
- 생식 : 여름에 수컷과 교미를 해서 자연 착상 후 겨울잠을 자는 기간 동안 새끼를 낳아 키운다.
- 분포 지역 : 스칸디나비아, 독일, 러시아, 루마니아
- 서식 장소 : 하천이 있는 삼림 지대
- 먹이 : 식물이나 물고기 등을 먹는 잡식성
- 특징 : 보통 곰은 단독 생활을 하는 동물이기 때문에 여러 마리가 한 곳에 모이면 쉽게 싸움이 벌어질 수 있다. 이 이야기에 나오는 우미 역시 암컷들 간의 싸움에서 가까스로 구해 낸 것이다. 인공포유 시 우유(개분유)는 세 달 정도 먹이고, 그 후부터는 조금씩 야채나 과일 등을 먹인다. 재롱이 많지만 때론 무척 난폭해 질 때도 있다.

10. 침팬지 펜치의 우울증 탈출기

 혹시 사람과 가장 비슷한 동물이 뭔지 아세요. 바로 저와 같은 침팬지랍니다. 과학자들은 우리가 사람들과 유전자가 99% 같아서 거의 비슷한 동물이라지만, 저는 정말 믿을 수가 없어요. 왜냐하면 사람들과 우리는 닮은 곳이 단 한 군데도 없거든요.
 우리들은 검은색 털로 온몸이 덮여 있고 손등을 이용해 네 발로 걷는데다 주로 나무 위에서 살지요. 사람들은 털도 거의 없는 매끈한 피부에 두발로 꼿꼿이 서서 걷고 힘도 우리보다 훨씬 약하고 또 나무도 제대로 못 타잖아요. 우리와 전혀 다른

토마토를 한 입 가득 넣고 우물우물 먹는 침팬지.

데도 과학자들은 참 별걸 다 닮았다고 하는 것 같아요.

우리들은 아프리카의 사바나 초원과 가까이에 있는 밀림 지대에 살고 있었어요. 그리고 주로 나뭇잎과 과일 그리고 흰개미 같은 곤충을 먹고 살지만 가끔 비비원숭이 같은 동물들도 사냥해서 먹기도 했답니다. 하지만 평상시엔 비비원숭이들과도 함께 어울려 평화롭게 지내왔어요.

우린 그 밀림 속 조그마한 영역 안에서 우리끼리는 물론 다른 동물들과도 조화롭고 즐겁게 살아왔습니다. 그런데 어느 날 총을 가진 한 무리의 사람들이 우리가 사는 곳으로 쳐들어왔어요. 그리고는 엄마와 다른 어른들까지 모두 죽이고 저와 같은 나이 또래의 어린 친구들은 모두 잡아갔어요. 아무리 발버둥을 쳐 봐도 좁은 철창 안에 갇혀 버린 우리들은 꼼짝도 할 수 없었어요. 우리를 잡아간 밀렵꾼들은 그 후 저를 어떤 동물원에 팔아버렸고 저는 다시 배와 비행기를 타고 오랜 여행을 한 후 완전히 지친 상태로 또 다른 동물원에 도착했어요.

저는 그곳에서 열 살이 넘을 때까지 쭉 혼자 살았어요. 그리고 이제는 어른 침팬지가 되었지만 항상 우울하고 밖에도 잘 나가지 않는 소심한 침팬지가 되었답니다. 그렇게 우울한 나날을 보내던 어느 날 암컷 침팬지 두 마리가 저와 같은 우리에

혼자 있게 내버려두세요.

서 함께 살게 되었어요. 아마 제 나이가 차서 저하고 결혼을 시키려고 그랬나 봐요. 하지만 그 합사동물을 함께 넣는 것는 성공하지 못했습니다. 왜냐하면 제가 암컷들을 완전히 외면해 버렸고 암컷들도 제 가까이 와서 저를 건드려 보다가 별 반응이 없으니까, 저를 못난이 취급하고 놀려대며 자기들끼리만 놀았기 때문이었어요.

저는 다른 침팬지들이 들어오자 오히려 더 귀찮고 더 우울해져 버렸어요. 그러자 그 동물원 사람들도 도저히 여기서는 안 되겠다 싶었는지 다시 저를 다른 지방 동물원의 늙은 침팬지 수컷과 교환해 버렸어요. 그 수컷은 이미 여러 마리의 새끼를 낳게 한 경력이 있었대요. 그래서 전 또다시 트럭에 실려서 다섯 시간이나 달린 후에 새로운 동물원에 도착했답니다.

그곳도 역시 침팬지라고는 달랑 저 한 마리뿐이었어요. 차라리 다시 혼자 있게 된 사실이 훨씬 좋았어요. 그런데 이 조그만 지방 동물원 사람들은 옛날의 큰 동물원 사람들과는 저를 대하는 태도가 전혀 달랐어요. 제가 온 첫날부터 그곳 사람들은 모두 마중 나와서 박수치며 저를 환영해 주었어요. 이런 대접은 난생 처음 받아보는 것이었어요.

하지만 저는 사람들이 아무리 친절하게 해줘도 엄마가 사람들의 총에 맞아 죽은 그 사건 이후로는 사람들이라면 무조건 미워하는 습관이 생겼어요. 차라리 모른 척하고 그저 조용하게 내버려 두는 게 저한테는 제일 편했지요. 사람들이야 친절하든 말든 저는 낮에는 내실에만 콕 틀어박혀 있다가 저녁에만 살짝 나와서 바람을 쐬곤 했어요.

그런데 어느 날 아침부터는 저를 부르는 **"펜치, 펜치"** 하는 소리가 매일 들려오는 거예요. 며칠 간 두고 보다가 '도대체 누구야?' 하고 살짝 내다보니 이곳에 새로 온 젊은 수의사 아저씨였어요. 제 기억으로는 여기 온 첫날 저를 제일 반가워하셨던 분인 것 같았어요. 저는 웬만한 사람들은 다 기억하거든요.

'그러다 말겠지.' 하고 신경도 안 쓰고 있는데 다음 날도, 또 그 다음 날도 아마 내가 나올 때까지 계속 그럴 모양인 것 같았어요. 한 번은 혼을 내 주어 다시는 못하게 해야겠다고 생각하고 밖으로 나가 이를 드러내며 위협을 했더니 갑자기 울타리에 올라서서는 들고 있던 바나나를 제 입 속에 쏙 넣어주지 뭐예요. 원숭이들 치고 바나나 싫어하는 원숭이는 없지요. 저도 세상에서 바나나를 제일 좋아해요. 얼떨결에 바나나를 그렇게 삼켜버린 게 무척 자존심 상해서 내실로 투덜거리며 그냥 들어와 버렸어요.

그런데 그 다음 날부터 저는 그 아저씨가 부르면 이상하게도 그냥 저절로 나가서 바나나를 받아먹게 되었어요. 그리고 한참 동안 서로 다른 곳을 쳐다보며 같이 앉아있기도 했어요. '이 아저씨는 확실히 다른 사람과 달라. 마치 옛날에 맡았던 엄마와 같은 냄새가 살짝 나는 것도 같아.' 하는 생각을 하며 우린 점점 더 친해졌어요. 그렇게 그 아저씨와 가까워진 뒤로는 저는 낮에도 바깥에 나가서 사람들 노는 걸 구경할 수 있게 되었어요. 혼자 있는 것보다 그렇게 구경하는 편이 훨씬 재미

있었어요.

　그리고 제가 변한 게 기쁘셨는지 사육사 아저씨도 자주 오셔서 땅콩을 한 움큼씩 던져주었어요. 땅콩은 바나나 다음으로 좋아하는 간식이에요. 저는 마치 야구 선수들처럼 한 손으로 철창을 붙잡고 나머지 한 손으로 얼른 받아서 떨어지기 전에 입으로 가져가요. 사람들은 그걸 보고 탄성을 지르며 손뼉을 치기도 했어요. 뭘 그런 걸 가지고 쑥스럽게…. 그런 건 원숭이나 침팬지라면 다 할 수 있는 일인걸요. 단지 사람들을 두려워해서 함부로 안 하는 것뿐이지요.

손으로 잘 받아먹어요.

　이렇게 하루하루 사람들과 가까워지면서 저는 차츰 우울증에서 벗어날 수 있었답니다. 이제 암컷 침팬지가 다시 들어온다면 꼭 사랑도 해주고 결혼도 해서 저를 닮은 예쁜 새끼 하나 키워보고 싶다는 소망도 생겼어요.

침팬지 [chimpanzee]

- 학명 : Pan troglodytes
- 분류 : 영장목 성성이과
- 크기 : 몸길이 수컷 77~92㎝, 암컷 70~85㎝, 몸무게 수컷 약 40㎏, 암컷 약 30㎏
- 수명 : 40년 이상
- 생식 : 임신 기간은 약 8개월로 새끼를 1마리 낳는다.
- 분포 지역 : 서아프리카의 시에라리온, 가이아나 부근 아래부터 탕가니카 호까지
- 서식 장소 : 열대의 축축한 삼림과 사바나에 서식한다.
- 먹이 : 다양한 종류의 먹이(육식 포함)를 먹는데, 주로 과일이나 나뭇잎을 먹는다.
- 특징 : 침팬지는 인간과 유전자는 거의 흡사하지만 외형은 매우 다르다. 그러나 지능지수는 대략 4세 어린이 수준이라고 하며, 지성과 감성이 매우 발달하여 사람들의 행동을 따라하거나 비슷한 감정 상태에 빠지기도 한다.

11. 코끼리
엘프의 꿈

철창으로 유리창을 막은 버스를 타고 운전기사 아저씨의 설명을 들으면서 동물들을 둘러보는 곳 알지요? 바로 동물원의 사파리라는 곳입니다.

원래 사파리는 아프리카의 광활한 대초원 같은 곳에서 지프차를 타거나 걸어서 동물을 사냥하거나 뒤쫓는 겁니다. 그러나 동물원의 사파리는 동물들을 아주 좁은 곳에 한데 섞어서 몰아넣고 철망과 콘크리트 담 등을 이용해 마치 넓은 것처럼 꾸민 곳이랍니다.

이곳이 사람들에게는 자연스럽게 보일지 몰라도 동물들에게는 무척 지루하고 살기 힘든 곳이기도 해요.

사자와 호랑이를 한꺼번에 섞어 놓으니 싸움도 자주 일어나 약한 것들은 물려 죽기도 하고, 라이거수사자와 암호랑이 사이에서 태어난 잡종나 타이곤수컷 호랑이와 암컷 사자 사이에서 태어난 잡종 같은 이상한 혼혈 동물들이 생겨나기도 해요. 곰은 하루 종일 굶어서 사람들에게 재롱을 부려서 먹이를 받아먹도록 한답니다. 기린은 멀리서 보면 여러 마리가 평화롭게 모여 사는 것 같아도 사실은 아주 좁은 곳에 여러 마리를 몰아넣어 하루 종일 조금씩만 움직일 수 있거나 아예 서 있는 거랍니다.

이런 삭막한 동물원 사파리에 아시아코끼리인 저 **엘프**도 이번에 새로운 식구가 되었어요. 저는 12년생 수컷 아시아코끼리이고 태국 출생입니다. 한국에 다른 코끼리들과 함께 코끼리 공연을 하러

커다란 우리에 실려 동물원으로 옮겨왔어요.

왔다가 수컷들끼리 그만 싸움이 벌어졌어요. 그리고 천막을 부수고 거리로 뛰쳐나가기까지 했어요. 그 난리 통에 괜히 저만 별로 이곳 동물원에 팔아버리고 모두 태국으로 다시 떠나 버렸답니다.

옆 코끼리처럼 발목이 쇠사슬로 묶여 있지 않아요.

이곳에는 이미 20살도 넘은 암코끼리가 한 마리 있지만 어렸을 때부터 사람 손에서 혼자 커서 그런지 오히려 어린 코끼리인 저를 피해 다녔어요. 그 암코끼리가 사는 것을 보니 밤에는 안에 들어갔다 아침에 바깥에 나오면 발목을 쇠사슬로 묶어서 하루 종일 자기를 붙잡고 있는 기둥 주변만 뱅뱅 돌아답니다. 다행히 저는 발목을 쇠사슬로 묶지 않고 아예 훈련도 시키지 않았어요. 이 사람들은 제가 성질이 사납다고 생각하고 그냥 사파리에 구경거리로 두려고 했었나 봐요.

제가 태국에 있을 때는 제 담당 조련사 소년이 있어서 항상 목욕도 시켜주고 같이 놀아주기도 하고 그랬거든요. 그런데

길들여진 코끼리는 사람을 태우기도 해요.

이곳 사육사들은 하루에 한 번 나타나 그냥 밥만 던져주고 갈 뿐 저하고는 눈조차 마주치지 않았어요. 조금 친해지려고 가까이 다가가면 오히려 이렇게 말하며 달아나 버려요.

"무서워. 다가오지 마!"

그분들은 길들인 코끼리의 순한 습성에 대해 전혀 모르시는 것 같았어요. 결국 너른 운동장에 달랑 저만 혼자 남아 멍하니 하늘을 쳐다보거나 겨우 발목까지 차는 작은 물웅덩이에 저벅저벅 들어가 가볍게 물장구치는 것이 제 하루 일과의 전부였어요. 진흙 목욕 같은 건 생각도 할 수 없었고, 너무 덥거나 벌레들이 많이 생기면 이끼 낀 더러운 물을 코에 담아 등에 뿌리는 것 외에는 아무것도 할 수 없었어요.

어느 날인가 부서진 담을 고치러 오신 아저씨들이 담장을 고치고 남은 못을 그대로 두고 가셨나 봐요. 저는 그곳을 어슬

렁거리다가 발바닥이 뜨끔하여 발을 들고 들여다보니 글쎄 커다란 대못이 하나 쿡 박혀있지 뭐예요. 너무 아파서 소리를 질렀지만 결국 아무도 오지 않아서 제 코끝으로 열심히 노력해서 겨우 못을 빼냈는데 피가 엄청나게 많이 흘렀어요. 얼른 물에 들어가 피를 닦아내고는 다시 코로 열심히 마사지를 해서 겨우 피가 멎을 수 있었어요.

다음 날 제가 절뚝거리는 걸 보고 사육사 아저씨는 급히 수의사 아저씨께 연락을 하고 사료에 약을 타 주셔서 상처는 겨우 아물 수 있었어요. 그 일이 있고 나서부터 저는 잠깐 돌아다니는 것도 무척 조심하게 되었답니다.

어떤 교수님은 제가 제자리에서만 왔다 갔다 하고 있으니까 저한테 정신병이 왔다고 했어요. 물론 그건 오해랍니다. 하지만 이런 데서 오래 계속 살면 결국 그렇게도 될 것 같은 기분이 들었어요.

밤이 되어 동물원이 조용해지고 저 혼자 남게 되면 앉아서 선잠을 자는데 이상하게 항상 똑같은 꿈을 꾼답니다. 제가 태국의 한 흙탕물 냇가에 들어가 코끼리 조련사 소년과 함께 즐겁게 목욕을 하고 있어요. 소년은 물에 반쯤 잠긴 제 온몸을 솔로 박박 문질러 주고 저는 제 코에 물을 듬뿍 담아서 그의 머리에서부터 발끝까지 시원하게 샤워시켜 주며 놀고 있는 꿈을….

아시아코끼리
[Asian elephant]

- 학명 : Elephas maximus
- 분류 : 장비목 코끼리과
- 크기 : 몸길이 5.5~6.4m, 어깨높이 2.5~3m, 몸무게 3~5t
- 수명 : 60~70년
- 생식 : 임신 기간 18~22개월, 한 배에 1마리 낳음.
- 분포 지역 : 인도와 수마트라 섬, 보르네오 섬을 포함한 아시아 남동부
- 서식 장소 : 관목림이나 밀림
- 먹이 : 나뭇잎, 열매, 나무껍질, 관목 줄기 등
- 특징 : 침팬지 다음으로 영리한 동물이 바로 코끼리이다. 코끼리는 힘세고 덩치 큰 짐 이외에도 사회생활과 지성도 매우 발달되어 있다. 그래서 조련사들과 거의 형제 이상의 감정을 갖는다. 자기를 괴롭힌 밀렵꾼의 얼굴을 오랫동안 기억하기도 한다고 한다.

12. 펠리컨 펠리와 칸의 빛나는 승리

　우린 이 세상 새들 중에 둘째라고 하면 서러워할 만큼 덩치가 크지만, 완벽한 평화주의자랍니다. 누가 건드리지 않으면 절대 먼저 싸우지도 않고, 먹이가 되는 작은 물고기 이외에 절대 다른 동물을 괴롭힐 생각도 없습니다.

　많은 동물들이 이 세상에서 가장 큰 우리 부리만 보고 무척 겁을 집어먹지만, 절대 그러지 마세요! 우리 부리는 다만 큰 몸을 유지하기 위해 더 많은 물고기를 잡아먹어야 하기 때문에 이렇게 크게 발달했을 뿐이니까요.

펠리컨 남매인 저 펠리와 칸은 먼 유럽대륙의 독일이라는 나라에서 비행기를 타고 이곳 동물원까지 오게 되었습니다. 제가 칸보다 3일 정도 일찍 부화되어 나왔으니 누나가 되는 셈인가요? 생김새가 서로 비슷하기 때문에 우리를 구별하려면 발목에 채워진 발가락지의 색깔로 구별을 해야 합니다. 저는 빨간색, 칸은 파란색이거든요.

주머니같은 큰 부리로 많은 생선들을 먹을 수 있어요.

우린 태어난 지 겨우 6개월 정도밖에 안 됐어요. 그래서 날갯짓을 아무리 열심히 해 보아도 아직 날지는 못합니다. 엄마 아빠가 있으면 좀 더 일찍 나는 법을 배울 수도 있었을 텐데…. 이제는 어린 우리 둘뿐이니 모든 걸 스스로 배우고 익혀야만 해서 더디답니다.

비록 어리고 날지는 못하지만 이곳 동물원 큰물새장에선 저희가 제일 덩치가 커서 지금은 아무도 우리를 건드리지 못해

머리에 왕관을 쓴 것 같은 우아한 관학.

요. 하지만 이렇게 되기까지 우리도 나름대로 우여곡절이 있었답니다. 이 물새장에 들어오는 첫날부터 몸도 피곤하고 힘들었는데 또 큰 시련이 기다리고 있었어요.

이 물새장에는 머리에 삐죽한 왕관 모양의 깃털을 달고 "꾸억, 꾸억"하는 듣기 싫은 울음소리를 내면서 왕 노릇하던 관학 형제가 살고 있었어요. 그런데 이 두 녀석이 우리가 그곳에 들어간 날, 사람들 감시가 심한 낮에는 우리를 가만히 지켜보는 것 같더니 저녁이 되자 두 마리가 다짜고짜 우리한테 휙 날라 와서는 행패를 부리기 시작하지 뭐예요. 마치 '야, 여기가 어딘지 알고 그 흉측한 부리를 달고 함부로 나타난 거야. 우리랑 한번 붙어볼래?' 하는 것 같았어요.

그러면서 제법 날카로운 부리로 우리를 사정없이 콕콕 쪼기 시작했어요. 옆의 다른 작은 새들은 그들을 두려워하며 그 꼴을 구경만 하고 있었고요. 황새나 두루미 같은 다른 큰 새들이 그 관학 녀석들과 같은 편이 안 된 것만도 천만다행이었지요.

 우린 피곤하고 지친데다 밤이라 잘 보이지도 않아 무작정 낮은 나무 밑을 찾아 들어가 꼭꼭 숨었어요. 다행히 다리가 긴 이 녀석들은 다리를 구부리면서까지 우리가 있는 데로 들어오지는 못 하더라고요. 우리는 다리를 배 밑에 깔고 고개를 날개에 푹 묻은 채 납작 엎드려서 피곤에 지쳐 그 틈바구니에서 그대로 잠이 들고 말았어요.

 그렇게 악몽 같은 하룻밤이 지나고 다음 날 아침이 되었어요. 그런데 자세히 관찰해 보니 그 관학들이 우리 몸 크기의 반 정도밖에 안 돼 보였어요. '저 조그만 것들이 너무 까불고 있잖아. 그래, 힘 대 힘으로 한번 붙어 볼만 한데.' 하는 생각이 들었어요.

 아침에 먹이 주러 들어 온 사육사 아주머니는 우리 몸에 군데군데 피가 묻어 있는 걸 발견하시고 황급히 수의사 아저씨를 찾아 데려 오셨어요. 수의사 아저씨는 깃털을 여기저기 제켜 보시고는 상처가 그리 깊지 않으니 소독만 하면 괜찮을 거

펠리컨에게 먹이를 주는 사육사.

라고 하시면서, 관학들이 너무 가까이 접근하지 못하게 하라고 당부하고 돌아가셨어요. 사육사 아주머니는 일을 다 끝내자마자 관학들에게 가서는 다시는 그런 짓 하지 말라고 작대기로 따끔하게 혼을 내 주셨어요.

그날 오후에 아주머니는 맛있는 미꾸라지를 한 바구니 들고 오셔서, 우리가 잘 안 먹으려 하니까 일부러 우리 입을 벌려 직접 넣어주시기까지 하셨어요. 한두 마리는 그렇게 받아먹었는데 미안해서 우리는 미꾸라지 바구니로 다가가 부리 끝으로 한 마리씩 집어 먹기 시작했어요. 그러자 아주머니는 대견한지 우리 긴 목을 쓰다듬어 주면서 "그래, 참 잘한다." 하고 칭찬까지 해 주셨요. 아마도 아주머니는 '얘들은 내가 사랑하는 녀석들이니 너희들 함부로 건들지 마라!' 하고 관학들 보라고 일부러 그러시는 것 같았어요.

그 날 저녁도 물론 관학들이 다시 공격을 해왔어요. 하지만 우린 이미 배도 든든하게 채운 데다 좋은 사육사 아주머니의 사랑 덕분에 낯선 곳에 대한 스트레스에서 벗어날 수 있었고 자신감까지 생겼어요. '그래 얼마든지 덤벼봐.' 하면서 우린 큰 부리로 그들의 공격을 당당히 막아냈어요. 부리를 이용해 싸우다 보니 마치 큰 칼과 작은 칼을 가진 이가 싸우는 꼴이 되었어요. 당연히 그 싸움은 우리 펠리컨의 승리로 싱겁게 끝나 버렸지요.

관학들은 혹시 자기들이 다시 공격당할까 봐 마구 달아났지만 우리는 끝까지 공격할 생각이 전혀 없었어요. 대신 천천히 관학에게 다가가서 서로 잘 지내자고 몸을 부비며 화해의 제스처를 취했어요.

다음 날부터 물새장엔 다시 예전의 평화가 찾아왔습니다. 그 싸움이 빛나는 승리로 끝나자 다른 새들도 우리를 열렬히 환영해 주었어요.

지금 나와 내 동생은 물새장에서 가장 큰 바위 돌을 하나씩 독차지하고 편안하게 앉아 일광욕을 즐기고 있답니다. 사육사 아주머니를 보면 밥 달라고 졸졸 따라다니기도 하고 아주머니 옷에 제 얼굴을 일부러 다정스레 부비기도 해요. 그런 모습을 보고 사람들은 우리를 마치 강아지들 같다고 한답니다. 맞아요! 우린 덩치가 더 커지고 날 수 있어도 언제나 강아지처럼 다정하게 이 물새장의 평화를 영원히 지켜 나갈 거랍니다.

펠리컨 [사다새, pelican]

- 학명 : Pelecanus philippensis
- 분류 : 황새목 사다새과
- 크기 : 몸길이(날개 편 길이) 140~178cm, 10kg 정도
- 색 : 흰색, 갈색, 분홍색
- 생식 : 1회에 2~3개의 알을 낳는다.
- 분포 지역 : 유럽(남동부), 몽골, 시베리아
- 서식 장소 : 해안, 내륙 호수
- 특징 : 펠리컨은 사다새라고도 하며 주로 먹이가 풍부한 큰 호숫가에서 집단생활을 한다. 집단생활을 하는 대개의 동물들처럼 펠리컨 역시도 무리의 법칙에 잘 순응하며 큰 덩치에 비해 온순한 성격을 가지고 있다.

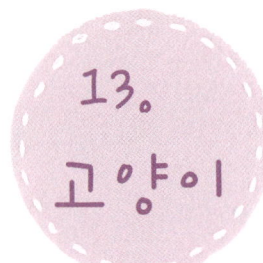

13. 고양이
짝귀의 운수 좋은 날

<u>야생혹은 길</u> 고양이인 제 이름은 **짝귀**입니다. 어렸을 적 귀한 쪽이 야생 너구리에게 물려 없어져 버렸기 때문이에요.

저는 공원 내 수영장과 동물원 매표소 부근 언덕의 한 귀퉁이에서 생활하고 있어요. 가끔 얼룩이와 검댕이 녀석과 어울리기도 하지요. 그리고 저는 야생 삵과 야생 고양이 사이에 태어난 혼혈입니다. 덕분에 아빠의 야생적인 용맹함과 엄마 야생 고양이 특유의 조심성을 두루 갖추고 있습니다.

오늘은 하루의 시작<u>밤 1시경</u>부터 무척 환상적이었어요. 마지막 관람객이 시간이 늦어 부랴부랴 동물원을 빠져 나가면서 매표소 입구 휴지통에 통닭 한 마리를 통째로 버리고 갔기 때문입니다. 물론 매표소 입구 쓰레기통은 제 영역이었지요.

저는 워낙 반가운 마음이 앞서 쓰레기봉투 옆구리를 날카로운 발톱으로 푹 찢어버렸어요. 배고픈 고양이에게 신사도를 기대하기란 처음부터 무리였지요. 이 일로 인해 아마 내일은 청소하시는 무서운 아주머니의 잔소리를 간접적으로 들어야 할 거예요. "네 이놈의 고양이 새끼 잡히기만 하면 아주 요절을 내버려야지!"라고요. 인간의 먹을거리에 길들여진 고양이에게 이 통닭튀김은 정말 훌륭한 양식이었어요. 그러니 뼈까지도 '아드득 아드득' 하며 남김없이 먹어 치울 수밖에요.

배부르니 이젠 느긋하게 산책할 시간이 되었습니다. 멀리는 나가지 못하고 동물원 여기저기를 대충 훑어보고 다녔어요. 가만히 있는 건 야

우리 주변에서도 길고양이를 흔히 볼 수 있지요.

생 고양이에겐 절대 용서받지 못할 일이지요. 그래서 배부른 후의 산책은 우리들에게 어쩌면 당연한 순서입니다. 그래도 산책은 언제나 조심스러웠어요. '부시럭' 소리가 나기에 잠시 그대로 멈추어 섰습니다. 자세히 보니 얼룩이가 비둘기를 산 채로 잡아먹고 있었어요.

얼룩이의 사냥 능력은 동물원 고양이들에겐 익히 정평이 나 있었습니다. 이 녀석은 길 고양이의 기본인 쓰레기통 뒤지기를 거부하고 일찌감치 무수한 실패를 거듭한 끝에 고양잇과 특유의 숨은 사냥 능력을 개발해 오직 살아있는 먹이만을 먹습니다. 다른 길 고양이들은 이 녀석의 능력을 내심 부러워하면서도 쉽게 그 지저분한 생활에서 벗어나지 못합니다.

당연히 이 녀석은, 비록 암컷이지만 동물원 고양이들의 실제적인 두목 노릇을 하고 있습니다. 잠시 멈추어 서서 얼룩이에게 가는 울음소리로 경의를 표하고 가던 길로 되돌아섰어요.

사자나 호랑이 등 동물원 안의 다른 동물들은 갇혀 있어 아무렇지도 않은데, 풍산개 '풍돌이' 녀석 옆을 지날 때면 꼭 몸이 움츠러들고 바짝 신경이 곤두섭니다. 지난여름의 악몽이 깨어나기 때문입니다.

　그 날, 여느 때와 같이 별 생각 없이 개장 옆을 유유히 지나치는데 풍돌이의 개 목줄이 풀어져 있는 사실을 전혀 눈치 채지 못했습니다. 풍돌이는 호랑이도 잡는다는 그 특유의 사냥 본능으로 저를 향해 미칠 듯이 돌진해 왔고, 죽을힘을 다해 달려 겨우 은행나무 위로 달아날 수 있었어요. 2시간 동안 공포

의 기다림 끝에 겨우 사육사가 와서 풍돌이를 붙들어 가서 내려올 수 있었답니다.

　오늘 밤 따라 유난히 달도 밝고 별도 좋고 날씨도 최고였어요. 더구나 가까이서 암컷의 발정 난 울음소리가 계속 유혹하고 있었고요. 그 매혹적인 분위기에 취해 저는 다시 방향을 돌려 동물원 입구를 지나 그만 도로변까지 나와 버렸습니다. 암컷의 달콤한 울음소리는 바로 길 건너편 숲에서 들려오고 있었어요.

　울음소리에 이끌려 무턱대고 차도로 몇 발짝 걸어 들어가는 순간 앞에서 갑자기 섬광이 번쩍했습니다. 다행히 차가 저를 바로 앞에서 발견해내고 급정거를 해서 겨우 살아남을 수 있었답니다. 죽을 고비를 넘기고 무사히 차도를 건너 암컷이 기다리는 풀숲 달 밝은 무덤가로 유유히 걸어갔습니다.

　오늘은 여러 가지로 정말 운수 좋은 날이에요.

고양이

[猫: domestic cat]

- 학명 : Felis catus
- 분류 : 식육목 고양잇과
- 크기 : 40cm, 3~4kg
- 수명 : 15~20년
- 생식 : 임신 기간은 60~63일로 한 번에 4마리 정도 낳는다. 일 년에 5번까지 발정(임신 가능한 시기)한다.
- 종류 : 세계에 40품종 정도가 공식 등록되어 있고, 한국산 길 고양이는 '코리안숏헤어'라고 불린다.
- 먹이 : 원래 육식성이지만 잡식성으로 변해 쓰레기통을 뒤져 생활하기도 한다.
- 특징 : 길 고양이는 독립성이 강해 야외에서도 혼자서 잘 살아간다. 암컷은 발정 시에 특유한 소리와 냄새를 내며 수컷을 유혹한다. 이 소리는 아기 울음소리 같기도 한데 매우 싫어하는 사람들도 있다. 이 글의 풍산개, 풍돌이처럼 큰 개들은 작은 고양이를 보면 흔히 쫓기도 한다.

14. 기린
초원으로 돌아간 아린이

 동물원에서 가장 인기 있는 동물이 누군지 아세요? 바로 저 기린이랍니다. 제 이름은 아름다운 기린을 뜻하는 '아린'이에요. 참 예쁜 이름이죠? 그동안 이름도 없이 지내다가 최근에 들어온 젊은 수의사 아저씨가 지어주셨어요. 저뿐 아니라 저기 옆에 있는 풍산개는 '풍돌이', 그 옆의 다람쥐원숭이는 '다람이' 하는 식으로 모두 부르기 쉽게 지어놓았답니다.
 모두 다 그동안 이름이라는 게 없어서인지 몰라도 그 간단한 이름에 대해서 아주 만족해 하고 있는 것 같아요. 이름을

갖는다는 건 하나의 의미 있는 존재가 되는 거라고 하잖아요. 그래서 더욱 제 이름이 소중하답니다. 누구든지 제 이름을 알고 "아린"하고 조용히 불러주면 저는 그에게 다가갈 수밖에 없어요. 하지만 너무 쉽게 쫓아가는 것도 숙녀의 태도는 아니라고 생각해서 살짝 버티다가 마지못해 가는 척한답니다.

"저 부르셨나요?"

이름을 지어주신 그 수의사 아저씨도 날마다 저를 찾곤 하는데, 저는 장난치려고 일부러 내실에 한참 숨어 있다가 뒤돌아서 가려고 하면 그제야 부리나케 뛰어 나와요. 그분을 놓치면 그분 주머니에 들어 있는 맛있는 과일도 얻어먹지 못하고 여름이면 따다 주시는 자연산 아카시아 잎도 받아먹을 수 없거든요. 그분은 제가 좋아하는 것들을 어쩌면 그리 잘 알고 있는지 모르겠어요. 가끔씩 아카시아 잎 따시다가 가시에 찔린다는 것도 저는 이미 알고 있어요.

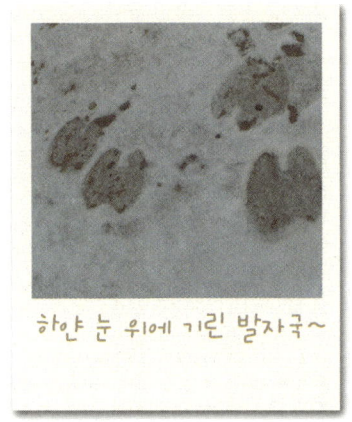
하얀 눈 위에 기린 발자국~

저의 하루는 사육사 아저씨가 청소하러 들어오면서부터 시작돼요. 사육사 아저씨는 들어오자마자 내실에서 운동장으로 저를 쫓아내요. 물론 깨끗이 청소하려고 그러시는 건 알지만 추운 겨울엔 정말 나가기가 싫거든요. 우리는 일 년 내내 더운 아프리카 사바나 출신이라 추위를 꽤 많이 타는 편이에요. 그리고 다른 동물들은 겨울털이 있어 추위를 잘 이겨내는 데 반해 저희들은 겨울털도 거의 나질 않아요. 그래도 일단 나가서 하얀 눈 속을 달리며 발자국을 남기는 놀이는 나름 신기하기도 하고 재미있기도 해요.

제 사육사 아저씨가 평소 다른 사육사 아저씨들에게 넌지시 자랑하는 게 하나 있어요. 지저분하지만 바로 제 똥이에요. 제 똥은 마치 큰 구슬처럼 동글동글해서 참 청소하기가 쉽대요. 장갑 끼고 그냥 줍거나 쓸어 담기만 해도 아무런 흔적도 남지 않거든요. 그리고 냄새도 거의 없어요. 그 말을 들으면 옆에 있는 들소 우리 사육사는 무척 화를 낸대요. 들소들은 질펀하게 똥을 싸대니 아무리 치워도 좀처럼 깨끗해지지가 않는대요.

구슬처럼 동글동글해서 청소하기 쉽대요.

이렇게 우아하고 재밌게 사는 것 같아도 저는 혼자라 항상 외롭답니다. 특히 달랑 저 혼자 있어야 하는 저녁 때는 무섭기도 하고 눈물 나도록 외롭기도 해요. 다른 동물들은 여럿이 모여 살기라도 하는데 저는 늘 혼자만 동떨어져 살아요. 소위 기린 전용 주택이라나요.

저는 비록 동물원에서 태어나긴 했지만 사람들을 처음 보았을 땐 무척 무서웠어요. 엄마 아빠도 함부로 사람들을 가까이 하지 말라고 늘 가르쳤거든요. 하지만 지금 저에겐 사람들이 유일한 친구들이에요. 수의사 아저씨나 사육사 아저씨도 물론 좋지만 항상 저를 보고 환호해 주는 어린이 친구들과 가끔 저를 보러 일부러 찾아와 주시는 일부 어른들도 정말 좋아해요. 그분들은 제가 좋아하는 배추며 과일 같은 것을 식료품 가게에 들러 선물로 사오시기도 하세요. 종종 짓궂은 학생들이 돌이나 나무 같은 걸 아무렇게나 제 몸으로 던지기도 해요. 처음엔 놀라서 달아났지만 이제는 웬만큼 참을 만해요. 좋은 사람도 있고 나쁜 사람도 있다는 것을 이미 깨닫게 되었거든요.

제가 동물원에서 산 지도 벌써 15년째예요. 사람 나이로 치면 벌써 50살 정도는 되었지요. 사람들은 나이 먹으면 노인 티가 나는데 저희들은 별로 모습이 변하지 않아요. 그래서 사람들 눈에는 우리가 항상 똑같아 보일지 모르지만 우리들도 늙고 아프답니다.

요즘 따라 유난히 가슴이 아플 때가 많아요. 우리 기린들은 긴 목 끝에 있는 높은 머리 쪽으로 피를 올려야 하기 때문에 다른 동물들에 비해 심장이 늘 일을 많이 하는 편이지요. 그래서 병이 나도 꼭 심장 쪽에서 많이 생긴대요.

아마 저도 심장이 안 좋아졌나 봐요. 수의사 아저씨는 나이도 많이 먹었고 운동도 부족해서 그렇다고 하면서, 양파를 꾸준히

먹여보라고 사육사 아저씨에게 권하셨어요. 그 후부터 전 양파를 먹이에 섞어 먹기 시작했어요. 사육사 아저씨는 맛이 없더라도 꼭 먹어야 한다고 하셨어요. 양파가 조금 맵기도 했지만 단맛도 있고

목이 길어 머리까지 피를 끌어올리려면 힘들어요.

아무튼 먹을 만 했어요. 어쩔 땐 매워서 그랬는지 괜히 눈물이 핑 돌기도 했어요. 하지만 그분들의 이런 노력에도 불구하고 제 심장 상태는 점점 나빠지기만 했어요.

 자꾸 앉아서 쉬고만 싶더니 오늘 아침에는 일어나려 해도 좀체 일어날 수가 없는 거예요. '이래서는 안 돼.' 하면서 겨우겨우 일어섰는데 이번에는 또 머리가 핑 돌지 뭐예요. 급히 벽에 목을 기대고 서 있으려니 점점 정신이 가물가물해졌어요. 멀리서 수의사 아저씨와 여러 사람들이 달려오는 소리가 들렸어요. 그러고는 저에게 기운 내라고 외치는 소리가 희미하게 들리더니 그것마저 아예 들리니 않게 되었어요.

조금 더 있으려니 갑자기 하늘이 환해지고 너른 초원이 확 보이기 시작했어요. 몸도 더 이상 아프지 않고 마치 풍선처럼 붕 떠오르는 기분이었어요. 저기 초원 끝에선 엄마 아빠가 그곳으로 오라고 부르고 계시네요.

드디어 오랫동안 함께 지낸 사람들과 작별할 시간이 왔나 봐요. 비록 아무 말은 할 수 없었지만 그동안 돌봐주신 분들에게 너무 감사했어요. 아마 그분들은 제가 떠나더라도 끝까지

제 몸을 돌봐 주시겠지요. 그리고 언젠가는 꼭 다시 만날 날이 있을 거예요. 그때는 좁은 울타리가 아닌 너른 초원에서 맞이하고 싶어요.

기린 (麒麟, giraffe)

- 학명 : Giraffa camelopardalis
- 분류 : 소목 기린과
- 종류 : 크게 그물무늬와 마사이 기린으로 구분하고 세부적으로 9아종(아종 – 한 종에 속하는 집단 중 표현형적으로 비슷하지만 지역적으로 일정한 차이가 있는 집단)으로 분류하기도 한다.
- 크기 : 키 5m, 몸무게 1t
- 수명 : 20~25년
- 생식 : 임신 기간은 420~450일, 주로 3~4월에 한 마리 출산한다.
- 분포 지역 : 사하라 사막으로부터 남쪽의 아프리카
- 서식 장소 : 아카시아가 자라고 있는 사바나 지대, 사막이 아닌 지대
- 먹이 : 아카시아 잎과 여린 가지, 꽃, 열매, 풀 등
- 특징 : 혀는 길이가 50cm이고 앞은 검은색, 뒤는 빨간색이다. 기린은 형태상으로 보아도 긴 목의 머리 끝으로 혈액을 끌어올려야 하기 때문에 일반 동물보다 두 배 이상의 혈압을 가지고 있는 동물이다. 그리고 목을 숙일 때 피가 역류되지 않도록 목에 '원더네트'라는 특수한 혈압 조절 장치가 있다. 그러나 심장이 일을 너무 많이 하기 때문에 크기에 비해 수명은 짧다.

15. 돼지꼬리원숭이
철창 밖으로 나온 돼돌이

 우리 동물원에 돼지꼬리원숭이 사육장에는 딱 세 식구만 살아요. 엄마, 아빠 그리고 저 '**돼돌이**' 이렇게요. 옆집 비비원숭이 네와 일본원숭이 네는 워낙 대식구들이라서 그런지 항상 시끄럽고 싸움도 자주 하지만 우리 집은 정말 너무 너무 조용해요. 아빠는 바깥의 사람들이나 음식에만 온통 관심이 쏠려 있고 엄마는 이런 아빠 눈치 살피느라 꼼짝도 못해요.

 우리 집이 이렇게 식구가 없는 건, 엄마가 그동안 아기를 잘 낳지 못했기 때문이에요. 엄마는 나를 낳기 전에 두 번이나 아기를 가졌지만 몸이 약해서 그때마다 유산새끼가 엄마 몸 속에서 다 자라기 전에 죽어 버리는 것을 해버렸어요. 그 후 엄마는 너무나 슬픈 나머지 다시는 아기를 갖지 않으려 결심했는데 아빠가 간절히 아기를 원해서 "그럼 마지막으로 한 번만 더요." 하고 시도 한 끝에 드디어 제가 무사히 건강하게 태어나게 된 거지요.

그래서 엄마, 아빠의 사랑이 다른 원숭이들에 비해 유독 각별한가 봐요. 엄마 아빠는 내가 무슨 장난을 쳐도 야단치지 않고 그저 대견하다는 듯 바라만 보시니까요. 하지만 이렇게 사랑을 듬뿍 받아도 아무도 도와 줄 수 없는 게 하나 있어요. 울타리 안이 너무 답답하고 너무 심심하다는 것이지요.

그렇게 심심하게 하루하루를 보내던 어느 날, 갑자기 전 바깥으로 눈을 돌리기 시작했어요. 조심스럽게 우선 한발을 철창 바깥으로 내밀었다가 다시 집어넣는 놀이를 반복하다가, 다음엔 몸 한쪽 전체를 살짝 빠져나가 보았어요. 철창 사이가 충분히 넓어서 나가는 건 그렇게 어렵거나 힘든 일은 아니었어요. 단지 바깥이 무섭고 엄마 아빠 눈치 보느라 함부로 나가지 못 한 거죠.

조금씩 바깥으로 나가는 게 용기가 생긴 어느 날, 관람객이 던진 맛있는 과자가 하필 철창에 부딪쳐 울타리 난간 바닥으로 떨어지지 뭐예요. 그 과자는 제가 가장 좋아하는 과자였어요. 우리 원숭이

"밖으로 충분히 나갈 수 있겠는데."

들 역시 어린아이들처럼 과자 종류나 그 맛에 많이 익숙해져 있답니다. 그런데 철창 밖으로 아무리 손을 뻗어도 과자까지 전혀 닿지가 않는 거예요. 그러다 그만, 과자를 보느라 정신이 팔려 있는 사이 제 몸이 완전히 철창 밖으로 빠져 나간 줄도 몰랐어요.

'기왕 이렇게 된 것, 에라! 나도 모르겠다.' 하고 그 과자를 열심히 집어먹다가 그만 발을 헛디뎌 난간 아래 땅바닥으로 툭 떨어져 버렸어요. 다시 올라가려고 안간힘을 써 봤지만 벽돌담은 너무 높고 미끄럽기만 했어요. 한참을 올라가려다 포기하고 주변만 배회하다가 마침 벽돌이 조금 더 튀어나온 곳

철창에 매달린
돼지꼬리원숭이.

이 있어서 무작정 그리로 올라갔어요. 그런데 그곳은 성질 사나운 일본원숭이들이 사는 철창 바로 앞이었어요. 일본원숭이들은 저를 보고 고함을 지르고 덤빌 듯이 눈을 부라리고, 그야말로 난리가 났어요.

다시 땅바닥으로 내려가야 하는데 정신없는 전 도망치듯 무작정 철창 위로 기어 올라가고 말았어요. 일본원숭이들의 흥분은 거의 최고조에 달했지요. 지켜보던 관람객들이 어느새 연락했는지 마침 수의사 아저씨가 제 때에 달려 오셔서 "이 녀석 도대체 어떻게 나온 거야!" 하시며 철창 위에까지 직접 올라오셔서 저를 안고 내려와 편안한 우리 집으로 다시 넣어 주셨어요.

그런데 당연히 엄마가 먼저 마중 나올 줄 알았는데, 무뚝뚝하기로 소문난 우리 아빠가 먼저 달려와서 저를 수의사 아저씨 손에서 건네 받으셨어요. 그리고 엄마한테로 저를 안고 가서는 애가 그렇게 밖으로 나가 마음대로 놀도록 내버려두었다고 한참을 나무라시지 뭐예요. 엄마는 아무 말도 못하고 마치 죄인처럼 고개만 푹 수그린 채 듣고만 계셨어요. 엄마가 불쌍하기도 하고 또 정말 미안한 생각도 들었어요. 그렇다고 아빠가 밉지도 않았어요. '참, 우리 아빠도 속으로는 나를 생각하고 계셨구나.' 하고 새삼 아빠의 정이 새록새록 느껴졌거든요.

그 후 제가 예전처럼 얌전해졌을까요? 천만에요. 그때 이후로, 아예 바깥이 제 영역이 되었어요. 엄마 아빠는 철창 사이가 좁아서 나갈 수 없지만 저는 체구가 작아서 얼마든지 마음대로 빠져나갔다 재빨리 들어올 수 있거든요. 그리고 기술도 늘어서 이젠 절대로 아래로 떨어지지도 않아요. 주변 지리도 많이 익혀서 원

"이쯤은 식은죽 먹기지."

숭이사 주변은 어디든지 여유 있게 구경하며 돌아다닐 수 있어요. 만약 우연히 바닥으로 떨어지더라도 능숙하게 다시 올라오는 방법도 터득했어요.

 옆집의 일본원숭이 친구인 '다이고로'와 '일원이'와 비비원숭이인 '개코'도 저와 비슷한 또래지만 이런 일은 저처럼 함부로 할 수 없대요. 식구들의 감시도 워낙 심하고 야단치는 어른들도 무척 많다나 봐요. 저도 그곳 분위기 아는데, 정말 장난 아니거든요. 글쎄 모두가 다 계급까지 있대요. 우리 집에선 모두 평등한데요. 그래서 가끔 난 걔네 집 앞으로 찾아 가서 철창 사이로 걔네들과 함께 놀곤 해요.

 바깥에 나오면 따듯한 햇빛, 맛있고 신선한 풀들 그리고 사람들이 던지다가 떨어뜨린 달콤한 과자 부스러기들이 여기저기 잔뜩 널려 있어요. 엄마는 함부로 주워 먹지 말라고 하시지만 맛있는 건 안 먹고 참을 수 없어요. 그리고 또 제가 나가면 사람들이 다 신기해하고 너무 즐거워해요. 덩달아 저도 신이 나고요.

 수의사 아저씨는 그런 저를 보시면서, 혹시 누가 가방에 넣어 납치해 가지 않을까 항상 걱정하신답니다. 간혹, 어떤 사람들은 원숭이가 철창 밖으로 나왔다고 큰일이나 난 것처럼 호들갑을 떨고 사무실로 전화를 하기도 해요. 그때마다 사육사 아저씨가 달려와서 "이 원숭이는 사람을 절대 공격하지도 않고 부모 곁도 떠나지 않으니 안심하세요!" 하고 잘 설명을 해 주시곤 하세요. 그래도 공격할까 걱정하는 사람들이 많아지면 저를 따로 가두게 될 지도 몰라요.

엄마 아빠는 내게 "제발 다른 원숭이들처럼 좀 얌전하게 살면 안 되겠니?" 하시지만 저는 다시는 그렇게 못 살 것 같아요. 보통 얌전하게 구는 원숭이들이 오히려 사람들에게 더 사납거나 아니면 꼼짝도 못하거나 하거든요. 하지만 제 생각은, 어차피 동물원에서 살아가려면 사람들과 다른 동물들과도 서로 친구처럼 잘 어울려 지내는 편이 훨씬 더 좋다는 거예요. 모든 동물들이 서로 조금씩만 양보하고 사이좋게 지내려고 노력하면 정말 좋을 텐데요.

돼지꼬리원숭이
[pig tailed monkey/pigtail macaque]

- 학명 : Macaca nemestrina
- 분류 : 영장목 긴꼬리원숭이과
- 크기 : 몸길이 47~60cm, 꼬리길이 13~24cm, 몸무게 10~18kg
- 수명 : 약 20년
- 생식 : 임신 기간은 164일로 새끼는 1마리 낳는다.
- 분포 지역 : 인도 아삼, 미얀마, 타이, 말레이반도, 수마트라, 보르네오
- 서식 장소 : 낮게 자리 잡은 밀림 지대
- 특징 : 일명 '야자원숭이'라고 불리며 말레시아에선 길들여서 야자열매를 따오도록 훈련시키기도 한다. 수컷은 크고 다소 사납지만 어릴 때부터 잘 길들이면 사람과 친하게 지낼 수 있는 원숭이이기도 하다. 원숭이늘은 환경에 잘 순응하지만 모험심과 호기심도 강해서 새로운 문화를 만들기도 한다.

동물들이 사는 세상

초판 1쇄 발행 2009년 10월 25일
초판 4쇄 발행 2015년 11월 20일

글·사진 최종욱
그림 임승현

펴낸이 정백현
펴낸곳 아롬주니어
관리 김경옥 **편집** 노지선 **마케팅** 서정원
디자인 디자인 끌림 010.7271.6133

출판등록번호 제 406-2006-0051호
주소 경기도 파주시 직지길 412번지
　　　서울특별시 마포구 월드컵북로 162-4 1층(편집부)
전화 031.932.6777(본사), 02.326.4200(편집부)
팩스 02.330.0730 **이메일** arommd@hanmail.net
홈페이지 www.arommedia.com

ISBN 978-89-93179-10-1   73490

ⓒ 글·사진 최종욱, 2009
ⓒ 그림 임승현, 2009

저작권법에 의해 보호를 받는 저작물이므로 이 책 내용의 일부 또는 전부를 재사용하려면
반드시 저작권자와 도서출판 아롬미디어 양측의 서면 동의를 얻어야 합니다.